仕事×ITの

BUSINESS ONE BY ONE

基本を
ひとつひとつ
わかりやすく。

JN051892

はじめに

現代のビジネス環境は急速に変化しており、その中でパソコンやスマートフォンなどのコンピュータは欠かせない存在となりました。
書類の作成、コミュニケーション、プレゼンテーションなど、さまざまな業務においてコンピュータは活躍します。
仕事をより効率的に進めるためには、ITの基礎知識が必要です。

本書は、エンジニア職ではない新入社員や入社を間近に控えた学生など、これからの仕事に必要なITの知識を学びたい方のために、業務に役立つITの基礎知識やビジネスに活用されているITについて、ひとつひとつ解説しています。
日常生活でスマートフォンを使いこなしているものの、パソコンはほとんど使ったことがなく、ちゃんと仕事ができるのか不安に思っている、という方もいるのではないでしょうか。

本書では、上司や先輩、あるいは取引先の人とのやり取りで困らないように、最低限にしぼってパソコンに関連する基本的な用語や、業務に使うアプリケーションなどについて解説しています。
インターネットやメールなど、なんとなく使っていたITの仕組みについても、図解でわかりやすく表現しました。
また、パソコンで仕事をするにあたって、情報漏えいや不正アクセスなどの被害にあわないように、サイバー攻撃の例や対応策についても本書で抑えておきましょう。

なお、5章ではAIやクラウド、業務支援ツールなど、より具体的なITのシステムを紹介しています。
ITの基礎知識を身に付けたあとは、自分の業務にどう組み込めるか、または新しいビジネスチャンスにどう生かせるかを積極的に模索してみてください。

仕事でITを使いこなせれば、より楽しく仕事に取り組めるようになるでしょう。
皆さんにとって、本書が仕事でITを使いこなせるようになる足がかりになれば幸いです。

リブロワークス

本書の特長

◎見開き完結でわかりやすい！

本書では、1つのテーマが見開きにまとまっています。左ページではそのテーマのポイントをわかりやすく解説しています。右ページでは、「一目で理解！図解まとめ」があり、図や表を使って関連する情報をまとめています。

◎ポイントが明確！

各テーマの冒頭には、「ここがポイント！」のコーナーを設けており、そのテーマで特に重要なポイントを紹介しています。解説を読む前にあらかじめポイントをおさえられるので、効率よく学習を進められます。

◎仕事に役立つITスキルの参考書

本書では、パソコンを使って仕事をするために必要なITの基礎知識や、ビジネスに関連するIT用語を幅広く紹介しています。パソコンを使いこなすとともに、最新のITトレンドも押さえて、ITスキルを高めましょう。

CONTENTS

1章

ITはどのように
役に立つ?

ITと仕事

ここがポイント！

❶ 現代のビジネスはITとともにある

❷ パソコンを使える＝早く帰れる⁉

❶ 現代のビジネスはITとともにある

ITとは、スマートフォン（スマホ）やパーソナルコンピュータ（パソコン）、インターネットといったデジタル技術の総称です。ITの発達が私たちの仕事に及ぼす影響は大きく、いまやITなしに仕事を語ることはできません。その代表的なものがパソコンです。現代では仕事にパソコンを活用していますが、昭和から平成初期までは、紙、筆記用具、電話、電卓（またはソロバン）を駆使して仕事をしていました。

例えば、商品を発注する際は発注書を手書きし、郵便やFAXで取引先へ送っていました。現代ならパソコンのビジネスアプリで発注書を作り、電子メールで瞬時に取引先に送れます。その他にも、紙で管理していた情報を電子化して管理しやすくしたり、遠隔地とのコミュニケーションでビデオ会議を導入して移動時間を削減したりと、仕事のあらゆる場面でITは欠かせない存在となっているのです。

❷ パソコンを使える＝早く帰れる⁉

パソコンを使えると、仕事の時間を大幅に削減することができます。例えば、ペンで文字を書くよりも、キーボードで入力したほうが短時間で進められますし、修正や複製も瞬時に行えます。このように生産性が向上すると、同じ作業時間でもより多くの成果を生み出すことにつながります。その結果、新しい仕事に取り組む時間が作れたり、自分の自由な時間を確保できたりします。これがパソコンの優位性です。

パソコンが苦手という方も、本書を通じてITの基礎知識を身につけ、日々進化するIT社会の中で仕事もプライベートもエンジョイしましょう。

ITとは

IT ＝ Information Technology
情報　技術

スマホやパソコン、インターネットなど
情報処理や通信に関する技術の総称

図01-1　IT

パソコンが普及する前と後の作業の違い

パソコンが普及する前

発注書

郵送

・手書きなので作業に時間がかかる
・電卓を使用するため、複雑な計算になる
　ほど手間がかかる
・郵送だと相手に届くまでに時間がかかる
・紙での情報管理は、スペースが必要

パソコンが普及した後

発注書

電子メールで
送信

発注書

・キーボードで手早く入力できる
・複雑な計算も表計算ソフトで瞬時に計算
・電子メールですぐに相手に届く
・電子データなので、情報管理が楽

図01-2　パソコンの普及前後

ワンポイント アドバイス

生産性とは

生産性とは、時間や人など費やしたコストから生み出される成果の割合のことで
す。1人2時間かかった作業が、業務プロセス（手順や方法）の改善により1時
間で終わるようになると、「生産性が向上した」と表現できます。余った1時間は、
別の成果を生み出すために活用できます。

LESSON 02　ITのトレンドを押さえよう

❶ 3大技術革新
「ビッグデータ」「生成AI」「ブロックチェーン」

❶ 3大技術革新「ビッグデータ」「生成AI」「ブロックチェーン」

　ITには、私たちの生活を向上させてくれる新しいサービスや、未知の領域におけるビジネスチャンスがまだ眠っています。特に**現在注目すべき技術は「ビッグデータ」「生成AI（人工知能）」「ブロックチェーン」**の3つです。

①ビッグデータ

　ビッグデータとは、人力では計測できないほど多岐にわたる膨大なデータのことです。現在は、GPSによる移動履歴や世界中のWebページに保存された文書など、多種多様なデータを収集できるようになりました。これにより、蓄積や分析が難しかったデータを活用して、新しい傾向や顧客の隠れた需要を発見することが可能となりました。ビッグデータを活用して、個別最適化された課題解決や新しい価値の創造などが期待されています。

②生成AI

　AIは、コンピュータに人間のような知能を持たせる技術です。従来の問題解決や画像識別の能力に加えて、「生成AI」と呼ばれる技術が注目を浴びています。生成AIは、文章や画像、映像など新しい情報を作り出す能力を持ち、今後は多くの仕事を変革する可能性があります。うまく活用することで、個人の生産性や創造性を大きく高めてくれるでしょう。

③ブロックチェーン

　ブロックチェーンは、オリジナルとコピーを区別するための技術で、デジタル情報の複製や改ざんを防ぎます。「コピペ」という言葉があるように、デジタル情報は比較的、複製しやすいという特徴があります。ブロックチェーンは、情報の複製や改ざんが発生しないよう厳格なデータ管理を行い、その情報が唯一無二であることを保証します。

技術革新を活用したビジネス

気づかなかった傾向から、課題解決方法を見つける

多種多様で膨大なデータの集まり

BIG DATA

隠れた需要から、新商品を開発

図02-1　ビッグデータの活用

生成AIによる文章や画像の生成

音声認識で、音声データからの文字起こし

画像認識でカメラに写った人物を識別

図02-2　AIの活用

インターネット上で取引される仮想通貨

インターネット上で締結するデジタル契約書

唯一無二のデータであることを保証するデジタル鑑定書つきの電子アート

図02-3　ブロックチェーンの活用

ワンポイント アドバイス

コピペとは

コピー＆ペーストの略語で、スマホやパソコン上で文章のある部分をコピー（複製）して、同じ文章を別の場所や他の文章にペースト（貼り付ける）する操作のことです。また、インターネット上で許可なく画像や動画をコピーし、再アップロードされたものはコピペ画像やコピペ動画と呼ばれます。

LESSON 03 DX

ここがポイント！

❶ DX=ビジネスにデジタルな変革をもたらすこと

❷ ITの特徴を理解することがDXのカギ

❶ DX=ビジネスにデジタルな変革をもたらすこと

「IT化」と「DX」は表面的には似ていますが、本質的には異なる概念です。「IT化」はビジネスの一部をデジタル化することを指します。例えば、P.8で触れた「発注書をパソコンで作り、電子メールで送る」のように、業務の一環をITによって効率化する取り組みが該当します。

一方で、「DX」は、従来の業務プロセスやビジネスモデル自体をデジタル技術を駆使して根本的に再構築したり、新しいビジネスを創出したりすることを指しています。例えば、「商品の在庫がある程度減った段階で自動的に発注伝票を作り、電子メールで送る仕組みの構築」は、在庫管理から発注まで人手を介さずに行えるようになり、人件費や過剰在庫を抑制し、生産性を高められます。

❷ ITの特徴を理解することがDXのカギ

DXを行うためには、まずは解決すべき課題を明確にし、どのようにITを活用するかを考えることが重要です。**ITの特徴を理解し、それを生かすことが成功のカギ**となります。例えば、コンピュータの特長のひとつは、データの蓄積と分析が容易であり、遠隔地と情報を共有できることです。この特長を生かしたサービスの例がeラーニングやタクシーの配車サービスなどです。

このように単にITを活用して業務を効率化するだけでなく、新しいデジタル技術やアプローチを取り入れ、従来のやり方を大幅に改革することがDXのポイントといえます。

DXとは

DX ＝ Digital Transformation

デジタル ・・・ 変化

※Transに「交差する」という意味があり、Xと略される

デジタル技術を活用して業務プロセスやビジネスに改革をもたらそうという取り組み

図03-1 DX

DXで新たな価値を創出する

eラーニング

- インターネットに接続されたパソコンやスマホがあれば、どこでも学習できる
- 学習内容が蓄積されるため、学習履歴を確認しやすい
- AIの分析により苦手な範囲を繰り返し学習できる

タクシーの配車サービス

- スマホに搭載されたGPSにより、利用者のいる場所にタクシーを呼べる
- ドライバーに目的地を事前に伝えられる
- 運賃も事前に予測できる

図03-2 DXでより便利に

ワンポイント アドバイス

オンライン授業とeラーニングの違い

オンライン授業は、リアルタイムで先生が行う授業をインターネットに接続したパソコンやスマホを使って受けることです。先生と生徒間でコミュニケーションを取りながら、授業を進められます。対してeラーニングは、事前に用意された動画や問題などを使って学習します。直接、先生とやり取りすることはできないものの、時間を選ばず、学習者のペースで進められる点が特長です。eラーニングは、企業の社員教育や資格取得の勉強などに活用されています。

DXの事例

①スマート農業

　ロボットやAI、IoT（P.124参照）などの技術を活用した農業のことをスマート農業といいます。広大な敷地に農薬や肥料をまくのは大変な作業ですが、ドローンなら短時間で散布を終えられます。また、気温や日照時間をセンサー（IoTデバイス）で計測し、分析することで、適切な水や肥料の量、収穫のタイミングなどを判断できます。農業にDXを導入すると、自動化によって省力化をはかりつつ、作物の品質向上や収穫率の向上が期待できます。

ドローンで農薬を散布

センサーで温度管理

②電子チケットによる映画鑑賞

　近年の映画館では、スマホからチケットとなるQRコードを事前に取得し、入場時はゲートで画面のQRコードをかざすだけというスタイルが増えています。映画館にとっては購入窓口の数を減らせるため、人件費の抑制や人手不足の解消につながります。観客にとっては、当日にチケット売り場で行列に並ぶことや、せっかく劇場を訪れたのに満席だったというアクシデントを回避できます。

観劇の数日前

観劇当日

CINEMA

2章

パソコンの基本

LESSON 04 スマホとパソコンの使い分け

❶ スマホは仕事のサポーター

　スマホの最大の特徴は可搬性（ポータビリティ）です。パソコンよりも圧倒的に小型軽量で、どこにでも持ち運びでき、ほとんどの地域や場所でインターネットを利用できます。また、現在位置を取得したり搭載されたセンサーにより動きを感知したりと、ユーザーの行動に応じた使い方が可能です。

　この可搬性は仕事をするうえでも役立ちます。例えば、社内では集中してパソコンで作業を行いつつ、他社へ打ち合わせに向かう際は移動の合間にスマホで情報収集を行うといったスタイルで、**スマホとパソコンを組み合わせると、仕事を円滑に進められます**。また、業務時間中に外出している際、急いで返事をしなければならないメールが届くことがあります。会社で利用しているメールをスマホでも送受信できるようにしておくことで、このような緊急性の高いメールにもすぐに対応することができます。

❷ 仕事のメイン作業はパソコンで行う

　パソコンは、スマホと比べて操作性や拡張性などの点が優れています。画面が大きく、複数のアプリを適宜切り替えながら操作でき、キーボードを使うことで短時間で多くの文字を入力できます。また、データの処理能力が高いため、動画や画像など容量の大きいデータの編集も得意です。そのため、1日に何十通ものメールを送ったり、表計算アプリで大量のデータ集計を行ったりといった**事務作業を効率よく行うには、スマホよりパソコンが適している**のです。また、ネットワークを介して、複数人で共同作業を行えるため、円滑な業務推進に役立てられています。スマホとパソコンの特性を理解して、場面に応じて使い分けましょう。

パッと見てわかる！ 図 解 ま と め

スマホとパソコンの違い

 スマホ

 パソコン

個人用途に強い

- シンプルな操作性で、動画やWebサイトの閲覧がしやすい
- どこでも電話やインターネットを利用でき、コミュニケーションが得意
- 各種センサーでユーザーの状態を検知し、コミュニケーションや健康管理に利用できる

ビジネス用途に強い

- 複雑な作業に高速で対応できる
- キーボードですばやい文字入力ができる
- 動画や画像など大容量のデータの加工や編集が得意
- ネットワークを介した複数人での共同作業が行える

図04-1　スマホとパソコンの違い

移動時間にスマホで情報収集　　会社ではパソコンで集中して作業

図04-2　スマホとパソコンを組み合わせる

ワンポイント アドバイス

スマホもパソコンもコンピュータの一種

スマホは、パソコンと同じくコンピュータと呼ばれる機械の一種です。コンピュータとは、プログラムに従って何らかの処理を行う機械の総称です。操作において画面タッチかキーボードとマウスを使うかの違いはありますが、画面があってインターネットやアプリが使える点は、スマホもパソコンも一緒ですよね。

画面タッチ    マウスクリック

パソコンと関連する機器

ここがポイント！

❶ 周辺機器はパソコンを操作するためのモノ

❷ 円滑に仕事を進めるために周辺機器は必須

❶ 周辺機器はパソコンを操作するためのモノ

　業務でパソコンを使いこなすためには、パソコンとあわせて使う周辺機器も重要です。**周辺機器とは、ディスプレイやキーボードなど、パソコン本体と一緒に使う機器のこと**です。スマホはディスプレイやスピーカー、マイクなどが一体化されていますが、パソコンではキーボードで文字情報を入力し、ディスプレイにパソコンからの情報を出力します。これらの周辺機器があることで、パソコンの操作性は向上し、業務を効率的に進めることができます。業務の性質に応じてさまざまな周辺機器を活用し、快適かつ効率的に作業を進めましょう。

❷ 円滑に仕事を進めるために周辺機器は必須

　周辺機器は、ディスプレイやキーボードのほかに、スピーカーやマイク、外付けストレージ、複合機（プリンタとスキャナ）などがあります。これらの周辺機器も、仕事を円滑に進めるうえで欠かせないものです。

　例えば、パソコンで作成した書類は基本的にパソコン上で保存できますが、保存できる情報量には限界があります。**多くのファイルを保存し管理するためには、外付けストレージが便利**です。また、ビデオ会議においては、スピーカー、マイク、カメラが必要です。いずれもパソコン本体と一体になっている場合がありますが、快適なビデオ会議を実施するには、必要に応じて別途機器を用意したほうがよいでしょう。特にマイクは性能が低いと、他の参加者が発言内容を聞き取れない可能性があります。**品質がよいマイクを使うことで、雑音が入りづらくなり音質も向上するので、円滑にビデオ会議を進められます。**機能や品質に優れた周辺機器の活用は、業務効率の向上につながります。

さまざまな周辺機器

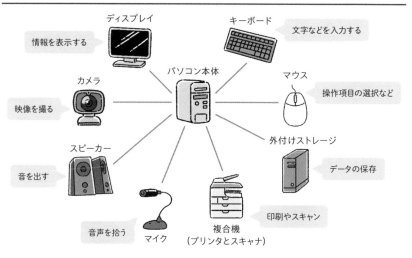

図05-1　パソコンの周辺機器とその役割

ワンポイント アドバイス

ケーブルの種類

パソコン本体の周辺機器の接続に使用するケーブルには、複数の種類が存在します。それぞれコネクタ（先端部分）の形状が異なるため、使用する機器に対応したケーブルを用意しましょう。USB Type-C は、Androidなどのスマホの充電に使用するため、見慣れている方が多いかもしれませんね。

USB Type-A	USB Type-C	HDMI
データの転送や給電などが行える。	データの転送や給電などが行える。Type-A より通信速度が速く、給電量も多い。	映像と音声を伝達できる。パソコン本体とディスプレイをつなげる以外に、ゲーム機器にも使用する。

マウスとキーボードで
パソコンを操作する

> ここがポイント！

❶ キーボードで効率的に文字を入力しよう

❷ マウスでは直感的なパソコン操作ができる

❶ キーボードで効率的に文字を入力しよう

　パソコンとあわせて使う周辺機器の中でも、ディスプレイ、キーボード、マウスは必要不可欠なアイテムです。パソコンでは、ボタン（キー）が並んだキーボードを使用して文字を入力します。具体的には、「さ」の入力には ［S］ と ［A］、「と」の入力には ［T］ と ［O］ など、アルファベットのキーを押して入力します。この入力方式はローマ字入力と呼ばれ、覚えるキーの数が少なく、英字の入力に効率的なキー配置となっているため、**短い時間で多くの文字を入力できます。**

　またキーボードには文字を入力するキー以外にも、［Ctrl］ や ［Shift］、［Enter］ などの特殊キーがあります。特殊キーは、単体では文字の入力を行いませんが、ショートカットと呼ばれる機能を使う際に使用します。代表的な例として、［Ctrl］ ＋ ［C］ による選択対象のコピーと、［Ctrl］ ＋ ［V］ によるコピーしたものの貼り付けが挙げられます。**仕事ではパソコンを使用するので、キーボードに慣れ、効率的な操作ができるようになっておきましょう。**

❷ マウスでは直感的なパソコン操作ができる

　キーボードと並ぶ代表的な入力装置がマウスです。マウスを動かすと、画面上でマウスポインターと呼ばれる矢印が移動し、これを用いてボタンを押したりメニューを選択したりできます。これは、スマホにおける指の代わりのようなもので、直感的な操作が可能です。ただし、キーボードとマウスの往復が多くなると、作業効率が低下することがあります。実は、マウスで行える操作の多くはキーボードでも行えることが多いため、**より効率的に作業するためには、P.158で紹介するショートカットキーの活用をおすすめします。**

パッと見てわかる！ 図解まとめ

キーボードの一般的な配置

図06-1　キーボードの配置と主な特殊キー

マウス操作の基本

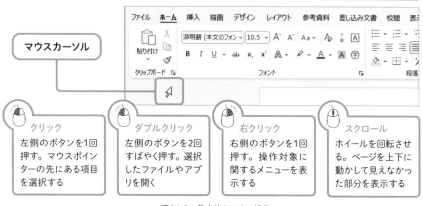

マウスカーソル

クリック
左側のボタンを1回押す。マウスポインターの先にある項目を選択する

ダブルクリック
左側のボタンを2回すばやく押す。選択したファイルやアプリを開く

右クリック
右側のボタンを1回押す。操作対象に関するメニューを表示する

スクロール
ホイールを回転させる。ページを上下に動かして見えなかった部分を表示する

図06-2　基本的なマウス操作

ワンポイント アドバイス

かな入力とローマ字入力

ローマ字入力の他に、かな入力という入力方式もあります。かな入力では、キーボードに書かれている「ひらがな」の文字を押すと、その文字が入力されます。ローマ字入力よりも、押すキーの数は減りますが、覚えなければならないキーの数が50個前後となり、手を動かす範囲が広がるため、効率的な入力には不向きだとされています。

ソフトウェアと
アプリケーションの関係

ここがポイント！

① ソフトウェアにはOSやアプリなどの種類がある

② OSごとに使えるアプリが異なる

① ソフトウェアにはOSやアプリなどの種類がある

　ソフトウェアとは、コンピュータや電子機器を動かすためのプログラムのことで、代表的な種類としてはOS（Operating System）とアプリケーションがあります。

　OSはコンピュータの基本機能を管理するソフトウェアのことで、「基本ソフトウェア」とも呼ばれます。例えば、AndroidやiOS、WindowsやmacOSなどがOSにあたります。一方、**アプリケーション（アプリ）は、WordやExcelなどの特定の目的に使用するソフトウェア**であり、「応用ソフトウェア」とも呼ばれます。これらのソフトウェアがあるからこそ、スマホやパソコンでさまざまな作業が行えるのです。

② OSごとに使えるアプリが異なる

　OSによって動かせるアプリの種類は異なります。例えば、Android端末でiOS向けのアプリは使えませんし、逆にiOS端末でAndroid向けのアプリは使えません。そのため、**使用したいアプリにあわせてスマホやパソコンを選ぶ必要があります。**

　WindowsとmacOSなど、複数のOSに対応したアプリも存在しますが、すべてのアプリが両方のOSで動作するわけではありません。特に業務に使用するアプリはWindows専用である場合が多いです。macOSでもオフィス業務は行えますが、特定の業務に使うアプリがmacOSに対応していない場合があるため、自分が行う業務に合わせてOSを選択することが重要です。

ソフトウェアとアプリケーションの関係

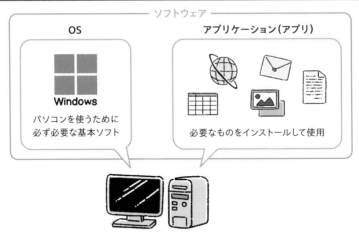

図07-1　ソフトウェアとアプリケーションの関係

OSの種類

図07-2　OSの種類

パソコン向け	Windows	Windowsパソコンに搭載されているOS。「Windows 10」「Windows 11」などのバージョンがある
	macOS	Apple社のパソコン「Mac」に搭載されているOS
	Chrome OS	Chromebookと呼ばれるパソコンに搭載されているOS。低価格で動作が軽いが、本格的な作業には向かない
スマホ向け	iOS	iPhoneに搭載されているOS
	Android	Androidスマホに搭載されているOS

ワンポイント アドバイス

ドライバの役割

ドライバとは、OSと周辺機器間で通信を行うために使用するソフトウェアの一種です。例えば、社内でパソコンから複合機へ印刷したいデータを送れるのは、このドライバのおかげです。マウスやキーボードなどの周辺機器によっては、USBで接続するとドライバが自動的にダウンロードされるものもあります。

PART 2 パソコンの基本

フォルダとファイルでデータを管理

ここがポイント！

❶ ファイルは個々のデータ、フォルダはデータの箱

❷ 内容がわかりやすい名前をつけよう

❶ ファイルは個々のデータ、フォルダはデータの箱

　パソコン上で操作する際、文書や画像、音声などのデータは「ファイル」といい、ファイルを整理する入れ物のようなものを「フォルダ」といいます。パソコンでは、個々のファイルをフォルダに入れて管理します。

　例えば、Wordで文書を作成し保存する場合、名前を入力し、保存先を選択する画面が表示されます。ここで入力する名前がそのファイルの名前であり、「ファイル名」といいます。また、保存先は該当のフォルダを選択します。

❷ 内容がわかりやすい名前をつけよう

　仕事では、文書ファイルや画像ファイルなど、さまざまなファイルを扱います。これらのデータを効果的に整理するためには、**ファイルやフォルダにわかりやすい名前をつけることが重要です。**

　Windowsパソコンの場合、あらかじめ用意されているフォルダがあります。例えば「ダウンロード」フォルダは、Webブラウザでダウンロードしたファイルが保存される場所であり、「ピクチャ」フォルダは、デジタルカメラなどから取り込んだ画像ファイルが保存されます。これらのフォルダ名は中身を推測しやすいものです。

　WordやExcelで保存するファイルは、「ドキュメント」フォルダに保存することがおすすめです。また、フォルダは自由に追加できるので、「ドキュメント」フォルダ内に業務内容ごとにフォルダを作成し、ファイルを整理することで、管理がしやすくなります。**フォルダ名・ファイル名は内容がわかりやすい簡潔なものにし、ファイル名に日付を入れておけば、あとからファイルを検索する際に便利です。**

ファイルとフォルダの関係

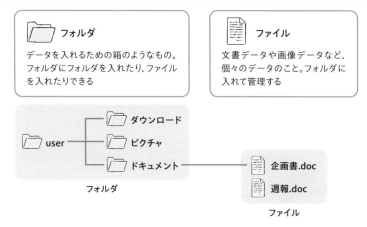

フォルダ
データを入れるための箱のようなもの。フォルダにフォルダを入れたり、ファイルを入れたりできる

ファイル
文書データや画像データなど、個々のデータのこと。フォルダに入れて管理する

user
ダウンロード
ピクチャ
ドキュメント
企画書.doc
週報.doc

フォルダ

ファイル

図08-1　フォルダとファイル

データ整理のコツ

・カテゴリを大きいものから小さいものへと分類する。

　例：ドキュメントフォルダ下に、議事録や週報フォルダを入れる。

・同じ種類のフォルダやファイルには、名前に一貫性を持たせ、

　YYYYMMDDなどの形式で、日付を入れる。（例：20240401）

・長すぎる名前は避ける。

・読みやすくするため、「_（アンダーバー）」や「-（ハイフン）」で単語を区切る。

・「_」や「-」以外の記号は避ける（OSによっては不具合が発生する）。

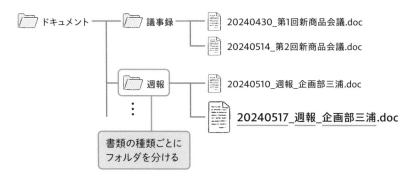

ドキュメント
議事録
20240430_第1回新商品会議.doc
20240514_第2回新商品会議.doc

週報
20240510_週報_企画部三浦.doc
20240517_週報_企画部三浦.doc

書類の種類ごとにフォルダを分ける

図08-2　データ整理のコツ

ファイルの種類

❶ 拡張子はファイルの種類を表す

❷ 拡張子は使用するアプリに合わせよう

❶ 拡張子はファイルの種類を表す

　ファイル名のあとには、「.（ドット）」と「txt」や「xlsx」といった文字列がつきます。この**ドットで区切られた右側の部分は、ファイルの種類を識別するためのもので、拡張子と呼ばれます。**

　拡張子は、テキストや画像、動画などデータの種類（ファイル形式）によって異なります。「txt」は文字情報だけのテキストファイルを示し、「xlsx」はExcelで保存されたファイルを表します。仕事でよく使うファイルの拡張子としては、Wordファイルの「docx」、PDFファイルの「pdf」、圧縮ファイルの「zip」などがあります。拡張子の意味を覚えておくとファイルの中身が推測しやすいので、代表的なものは覚えておきましょう。

❷ 拡張子は使用するアプリに合わせよう

　アプリごとに開くことができるファイル形式は決まっています。例えば、Excelで保存されたxlsx形式のファイルは、Wordでは開くことができません。ファイル形式とアプリは連携しており、ダブルクリックするとそのファイルが連携しているアプリで開かれます。

　基本的に、アプリでファイルを保存する際には、自動的に拡張子がつきます。ただし、ファイル名を変更する際には注意が必要です。**ファイル名を変更するとき、拡張子の部分を誤って変更してしまうと、アプリでそのファイルが開けなくなる可能性があります。**拡張子が誤っていてアプリで開けなくなった場合でも、正しい拡張子に戻すことで再び開けるようになります。ファイルがうまく開けないときは、拡張子が正しいかどうかを確認してみましょう。

拡張子の種類

図09-1　拡張子の種類

拡張子	用途
txt	テキストファイル（Windowsの「メモ帳」アプリで作成したファイルなど）
docx	Wordで作成したファイル
xlsx	Excelで作成したファイル
pptx	PowerPointで作成したファイル
pdf	PDFファイル
jpg	画像ファイル（主に写真）
png	画像ファイル（イラスト、図解など）
mp3	音声ファイル（ボイスレコーダーの録音など）
wav	音声ファイル（高音質な音楽など）
zip	圧縮ファイル

ワンポイント アドバイス

拡張子が見えない場合

Windowsは初期状態の場合、ファイルの拡張子が非表示になっています。「表示」メニューから「表示」–「ファイル名拡張子」をクリックしてチェックマークを付けると、拡張子が表示されます。

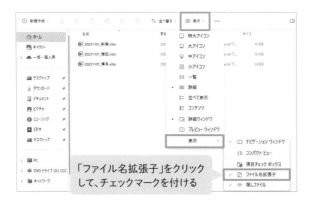

「ファイル名拡張子」をクリックして、チェックマークを付ける

記録メディアの種類

ここがポイント！

❶ **パソコン本体以外にもデータを記録できる**

❷ **主要な記録メディアの種類と用途**

❶ パソコン本体以外にもデータを記録できる

　パソコン上で作成した文書ファイルなどのデータは、通常、パソコン内のストレージに記録されます。このストレージにはHDDやSSDなどの種類がありますが、いずれも記録できるデータ量に上限があります。**パソコン内のストレージが不足している場合や、データのバックアップをとりたい場合は、外部の記録メディアを活用することがおすすめです。**

　記録メディアとは、デジタルデータを保存できる媒体のことで、USBメモリやHDD、DVDなどがあります。また、HDDやSSDが通常パソコン内に組み込まれていることに対して、外部から接続するものは外付けストレージとも呼ばれます。

❷ 主要な記録メディアの種類と用途

　各種記録メディアは、保存したいデータの大きさや使用目的に応じて使い分けることが一般的です。**USBメモリ**は小型で頑丈であり、容量が小さいものであれば手頃な価格で入手できます。**そのコンパクトさと手軽さから、データの持ち運びや受け渡しなどによく使われます。**一方で、HDDやSSDは大容量のデータを保存する場合に利用されます。かつては、大型の据え置き型が主流でしたが、小型化が進み、持ち運び可能な製品も増えています。HDDはSSDに比べて容量あたりの価格が安い一方で、ファイルの読み書き速度ではSSDが優れています。**大容量で安価なメディアを使用したいという場合は、HDD**を選ぶとよいでしょう。

　なお、光学メディアの例としてはDVDやBlu-rayなどが挙げられます。寿命が長く、10〜30年程度もつため、データを長期保存する際に向いています。

主な記録メディア

図10-1　主な記録メディア

名称	イメージ	特徴
USB メモリ		小型で頑丈。容量の小さいものであれば安価で入手しやすく、データの受け渡しなどに便利
SD カード		SD、miniSD、microSD の 3 種類の大きさがある。デジタルカメラやゲーム機器、スマホなどでデータを保存するために使用する
HDD		Hard Disk Drive の略で、HDD やハードディスクと呼ばれる。大容量データの保存に使用。大型が主流だったが、小型化が進み持ち運べるものも多い
SSD		Solid State Drive の略。大容量データの保存に使用。HDD に比べて容量あたりの単価が高いが、書き込み速度は HDD より優れている
光ディスク		CD（Compact Disc）、DVD（Digital Versatile Disc）、BD（Blu-ray Disc）などの種類があり、それぞれデータの読み込み専用のタイプと、データの読み書きどちらもできるタイプがある

ワンポイント アドバイス

オンラインストレージとの違いは？

データの保存先として、もう 1 つの選択肢が「オンラインストレージ（クラウドストレージ）」です。左ページで紹介した物理的な保存場所とは異なり、OneDriveやiCloudなどのオンラインストレージはインターネット上のサーバーに保存します。物理的なメディアと違い、どこにいてもネットワークに接続できる状態であれば、データにいつでもアクセスできます。急な外出先でデータ活用の必要性が生じた場合でも、すぐに確認できます。

LESSON 11　仕事で使うアプリ

ここがポイント！

❶ 業務アプリの代表格はOffice

❷ Officeは買い切り型とサブスクリプション型がある

❶ 業務用アプリの代表格はOffice

　仕事で使うアプリは職種によって異なりますが、共通でよく使うものには**ワープロアプリ、表計算アプリ、プレゼンテーションアプリ**の3つがあります。これらの代表的アプリが、Microsoft Officeです。

　報告書などの文書を作成するためのWord、表計算を行うためのExcel、スライド資料を作成するためのPowerPointなどがあり、いずれも充実した機能が魅力です。また、これらのアプリは広く業務で使用されており、取引先とデータを受け渡しする際、「相手が対応するアプリケーションを持っていないためにファイルを開けない」といったトラブルが起こりにくいことも強みです。

　Officeはどの職場でも重要なツールとなっています。本章の後半では、Officeアプリのそれぞれの基本機能や活用例などについて説明していきます。

❷ Officeは買い切り型とサブスクリプション型がある

　Microsoft Officeには買い切り型とサブスクリプション型のMicrosoft 365の2つのバージョンがあります。買い切り型は、一度購入すればサポートが終了するまで永続的に使用できますが、新しいバージョンを利用するためには、新たに購入する必要があります。対して、Microsoft 365は、契約期間中は常に最新のバージョンを利用できます。また買い切り型はデスクトップ版のみですが、Microsoft 365はデスクトップ版とWebブラウザ上で使用できるクラウド版の両方を使用できます。

Officeアプリの種類

図11-1　Officeアプリの種類

アプリ	用途
Word	ワープロアプリ（文書作成アプリ）。報告書などの文書がメインの資料作成に使用
Excel	表計算アプリ。売上や経費など、数値情報をまとめる際に使用
PowerPoint	プレゼンテーションアプリ。会議など発表の場で用いる資料作成などに使用
Access	データベースと呼ばれる大量にあるデータ管理に使用
Teams	コミュニケーションアプリ。チャット、通話、ビデオ通話などが行える
PowerAutomate	RPAツール（P.138）の一種で、業務を自動化できる
PowerApps	ローコード（P.152）でアプリ開発を行えるツール
PowerBI	BIツール（P.151）の一種で、収集したデータを解析し、グラフなどを作れる

ワンポイント アドバイス

To-Doアプリでタスクを管理しよう

タスク管理には、To-Doアプリを活用しましょう。To-Doアプリは、やるべきこと（To-Do項目）を記録して整理するためのツールです。タスクをラベルのように登録し、期限や優先順位などを設定できます。特定のアプリでは、パソコンとスマホでデータを同期することができるため、どこでもタスクの管理ができます。なお、Windowsの場合はMicrosoft To Do、macOSの場合はリマインダーがTo-Doアプリとして標準で搭載されています。

LESSON 12　Wordでできること

❶ 形式を整えた文書を作成できる

❷ 用途に合わせてテンプレートを使おう

❶ 形式を整えた文書を作成できる

　単に文章を書くだけなら、スマホのメモアプリやWindowsのメモ帳アプリでも十分だと感じている方もいるかもしれません。たしかに、自分だけが見るための覚え書きなら問題ありません。しかし、**人に見せることを前提とした文書の場合、形式を整えて見やすく作ることが重要**になります。**そのための機能が揃っているWordは、ビジネスシーンでの文書作成に広く使われています。**

　Wordでは、文字（フォント）の種類、サイズ、色、太字や斜体などのスタイルを設定できる他、画像や表などを挿入することも可能です。また、インデント（字下げ）や行間など、段落に関する設定もあります。

❷ 用途に合わせてテンプレートを使おう

　業務でWordを使用する場面としては、議事録や報告書、企画書など、ビジネスに必要な文書を作成する場面が挙げられます。また、請求書や納品書など、販売や会計関連の文書作成にも利用できます。さらに、Wordの機能を生かして画像を入れたり文字を装飾したりして、チラシやパンフレットなどを作ることもできます。

　Wordで特に便利な機能として挙げられるのがテンプレートです。テンプレートとは**あらかじめフォーマット、スタイル、レイアウトなどが設定されたひな形のこと**で、報告書や見積書などに最適なテンプレートが用意されています。また、独自のテンプレートを作成することも可能であり、第三者が提供しているテンプレートを追加することもできます。これらのテンプレートを使用することで手間を省くことができ、定型的な文書を効率的に作成することができます。

パッと見てわかる！ 図解 まとめ

Wordで作成できる文書の例

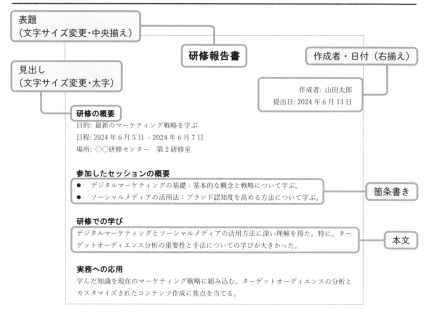

表題
（文字サイズ変更・中央揃え）

研修報告書

作成者・日付（右揃え）

見出し
（文字サイズ変更・太字）

作成者: 山田太郎
提出日: 2024 年 6 月 13 日

研修の概要
目的: 最新のマーケティング戦略を学ぶ
日程: 2024 年 6 月 5 日 - 2024 年 6 月 7 日
場所: ○○研修センター　第 2 研修室

参加したセッションの概要
- デジタルマーケティングの基礎：基本的な概念と戦略について学ぶ。
- ソーシャルメディアの活用法：ブランド認知度を高める方法について学ぶ。

箇条書き

研修での学び
デジタルマーケティングとソーシャルメディアの活用方法に深い理解を得た。特に、ターゲットオーディエンス分析の重要性と手法についての学びが大きかった。

本文

実務への応用
学んだ知識を現在のマーケティング戦略に組み込む。ターゲットオーディエンスの分析とカスタマイズされたコンテンツ作成に焦点を当てる。

図12-1　文書例

Wordのテンプレート機能

キーワードでテンプレートを
検索できる

図12-2　テンプレート

Wordの基本操作

ここがポイント！

❶ Wordを使いこなすために画面構成を把握しよう

❷ レビュー機能で文書をチェックしてもらおう

❶ Wordを使いこなすために画面構成を把握しよう

　人に見せるための文書を作成するために、Wordの画面構成と基本的な機能についても押さえておきましょう。Wordの画面上部には、文書に対するさまざまな設定を行うための機能が配置されています。これらの**機能は種類によってタブに分かれて配置されており、基本設定は「ホーム」タブ、画像や図形の追加は「挿入」タブを選んで操作を行います。**

　また、画面の左側には「ナビゲーションウィンドウ」と呼ばれる縦長の領域を表示できます。ここには各ページを縮小表示したものや、文書内の見出しの一覧を表示することができ、文書全体を把握できます。この他に、画面下部の「ステータスバー」と呼ばれる部分には、現在の文字数やページ数などが表示されます。

❷ レビュー機能で文書をチェックしてもらおう

　作成したビジネス文書の品質を担保するためには、第三者に確認してもらうことが重要です。この際、Wordの便利な機能である「レビュー機能」が役立ちます。**Wordの初期状態は編集モードですが、レビューモードに切り替えることで、文書に加えられた変更が明示的に表示されます。**変更内容は異なる色で表示され、誰がどのような変更を加えたかが一目でわかります。レビューモードで第三者に変更してもらったあとは、変更を1つずつ確認し、変更の内容を受け入れるか、却下するかを判断します。また変更を加えずに、指摘を入れたい部分にコメントだけを残すことも可能です。

　なお、表示モードに切り替えれば、文書が表示されるだけで変更はできない状態になります。変更を加えたくないときは、表示モードに切り替えると安全です。

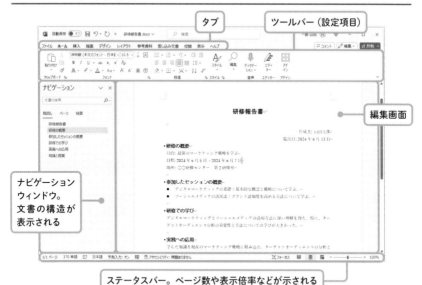

パッと見てわかる！図解まとめ

Wordの基本画面

タブ

ツールバー（設定項目）

ナビゲーション
ウィンドウ。
文書の構造が
表示される

編集画面

ステータスバー。ページ数や表示倍率などが示される

図13-1　Wordの基本画面

レビュー機能（モード）

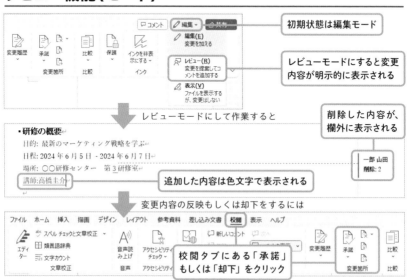

初期状態は編集モード

レビューモードにすると変更
内容が明示的に表示される

レビューモードにして作業すると

削除した内容が、
欄外に表示される

追加した内容は色文字で表示される

変更内容の反映もしくは却下をするには

校閲タブにある「承諾」
もしくは「却下」をクリック

図13-2　レビュー機能

LESSON 14 　Wordの書式設定

ここがポイント！

❶ 見た目を整える設定を覚えよう

❷「スタイル」で書式をすばやく設定

❶ 見た目を整える設定を覚えよう

　文書は項目ごとに文字の大きさや色を変えることでメリハリがつき、読みやすくなります。 見出しや強調したい部分などは、ホームタブから設定を行います。

　フォントのサイズを変えたい場合は、「10.5」などの数値が表示されている部分から変更します。見出し部分は通常の本文よりもフォントサイズを大きくすると、文書内の区切りがわかりやすくなります。目立たせたい部分は、太字にしてもよいでしょう。設定したい部分を選択した状態で、「B」を選択するか、ショートカットキーの ［Ctrl］ ＋ ［B］ で太字に変更できます。

　さらに、行ごとに文字の位置を左寄せ、中央寄せ、右寄せに調整することも可能です。例えば、文書のタイトルは中央寄せ、作成者や作成日は右寄せ、本文は左寄せと位置を変えることで、文書全体にメリハリをつけられます。これらの調整もショートカットキーを使って簡単に行えます。［Ctrl］＋［L］で左寄せ、［Ctrl］＋ ［E］ で中央寄せ、［Ctrl］ ＋ ［R］ で右寄せになります。設定項目には、ショートカットキーがあるものが多いので、よく使うものは覚えておくと作業が効率的になります。

❷「スタイル」で書式をすばやく設定

　文書のスタイルを統一して設定する際には、文字サイズや文字色、フォントの種類などを一括でまとめて適用できる「スタイル」という機能があります。ホームタブのスタイルから、あらかじめ用意されているスタイルの一覧を確認できます。さらに、新しいスタイルを作成することも可能です。よく使うスタイルを登録しておくことで、同じ形式の書類を効率的に作成できるようになります。

パッと見てわかる！ 図解まとめ

文字や段落の設定を変更する

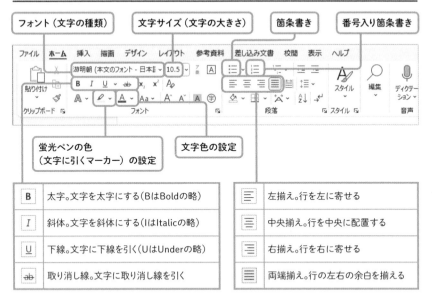

- フォント（文字の種類）
- 文字サイズ（文字の大きさ）
- 箇条書き
- 番号入り箇条書き
- 蛍光ペンの色（文字に引くマーカー）の設定
- 文字色の設定

B	太字。文字を太字にする（BはBoldの略）		左揃え。行を左に寄せる	
I	斜体。文字を斜体にする（IはItalicの略）		中央揃え。行を中央に配置する	
U	下線。文字に下線を引く（UはUnderの略）		右揃え。行を右に寄せる	
ab	取り消し線。文字に取り消し線を引く		両端揃え。行の左右の余白を揃える	

図14-1　文字や段落などの設定

スタイルを設定する

- スタイルの一覧を開く
- スタイルを選択
- 新しいスタイルを作成
- 新しいスタイルの設定ウィンドウ

図14-2　スタイルの設定

Excelでできること

❶ 数値情報を取り扱うのが得意

❷ 複雑な計算やグラフ作成もお任せ

❶ 数値情報を取り扱うのが得意

　文字情報をメインで扱うWordに対して、数値情報をメインで扱うのがExcelです。**Excelは表計算アプリと呼ばれるもので、データの管理や計算、分析などに利用され、格子状にマスが並んだ画面であることが特徴**です。水平方向を「行」、垂直方向を「列」、個々のマスを「セル」といいます。数値やテキストなどをセルに入力することで、さまざまな計算や集計を行うことができます。

　Excelの身近な活用例として、家計簿や住所録などのデータの管理、日付ごとにやるべきことを記載したスケジュール表などが挙げられます。

❷ 複雑な計算やグラフ作成もお任せ

　Excelでは、**複数のセルを組み合わせて四則演算などの計算を行うことができます**。計算式をセルに入力することで、電卓を使うよりもはるかに効率的に作業が進められます。また、関数と呼ばれる仕組みを利用することで、特定の操作や計算を自動化できます。例えば、同じ列に並んだ数値の合計値を求めるときは、SUM関数を使うと手軽に計算できます。これにより、請求書の個数や商品金額の計算も自動化が可能です。この他にもExcelには多彩な関数が用意されており、使い分けることでさまざまな集計作業を迅速に行うことができます。

　また、Excelではデータからグラフを簡単に作成できます。さまざまなグラフの種類が利用可能であり、データを視覚的に表現することで情報の把握が容易になります。データに合わせて最適なグラフを選択し、わかりやすい資料を作成しましょう。

Excelでできること

数値の計算

現金出納帳、
請求書など

データの管理

顧客名簿、
在庫記録など

データの分析

売上記録のカテゴリ
別の傾向分析など

グラフの作成

売上記録やアンケート
結果のグラフ化など

図15-1　Excelでできること

Excelの基本画面と用語

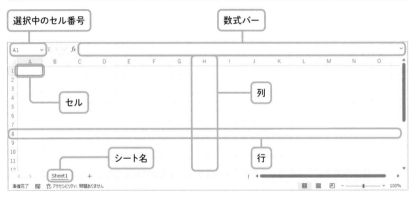

用語	役割
ワークブック	Excel の 1 つのファイル。ワークブック内には複数のシートを作成できる
シート	行と列で構成される Excel の画面。ワークブック内のシートは、画面下部のタブで切り替えできる
行	シート上の水平方向のデータの並び。1 から始まる「行番号」の数字で表す
列	シート上の垂直方向のデータの並び。A から始まる「列番号」のアルファベットで表す
セル	行と列で構成された 1 つの枠のこと。行番号と列番号を組み合わせて「A1」のように表す
数式バー	データや数式を入力できる

図15-2　Excelの基本画面と用語

Excelの基本操作

ここがポイント！

❶ ワークブックで複数のシートを管理する

❷ セル番号＝セルの位置を表すもの

❶ ワークブックで複数のシートを管理する

　Excelでは、**1つのファイルのことを「ワークブック」**、セルが並んだページを「ワークシート」と呼びます。**1つのワークブックには、複数のワークシートを作成できます**。例えば、経費をまとめるワークブックであれば、1月分のワークシート、2月分のワークシートなど、期間ごとにワークシートを分けてデータ管理をすることができます。ワークシートは、画面下部のタブに表示され、クリックすることで切り替えられます。新しいワークシートを追加するには、タブの横にある［＋］をクリックします。

　Wordとの大きな違いは、ツールバーの下に選択しているセルの場所と、データや数式を入力するための数式バーが表示される点です。セルに直接入力することもできますが、内容が長い場合は数式バーを使うと入力がしやすくなります。

❷ セル番号=セルの位置を表すもの

　セルに入力したデータを使って計算を行うためには、セル番号の考え方を理解しておくことが重要です。**セル番号はセルの位置を表し、列はアルファベット、行は数字で識別されます**。例えば、**いちばん左上のセルは、A列の1行目なので「A1」と表現**します。**アルファベットはA〜Zの26種類ですから、Z列（26列）の次はAA列（27列）**と表します。

　選択中のセルは「アクティブセル」と呼ばれ、十字キーで選択したり、［Enter］で下に移動したり、［Tab］で右に移動したりできます。このような操作によって、マウスを使わずにセルを効率的に選択することができます。

パッと見てわかる！　図解まとめ

Excelの画面構成

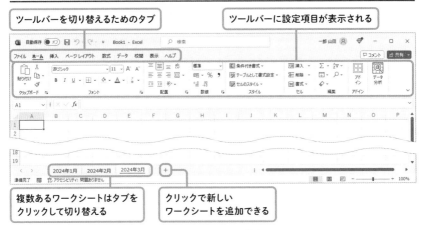

図16-1　Excelの画面構成

図16-2　セル番号

セルの移動

セルにデータを入力したあと、移動したい方向に合わせて下記のキーを入力するとよいでしょう。

図16-3　セルの移動

入力するキー	役割
［↑］	1つ上のセルに移動
［↑］もしくは［Enter］	1つ下のセルに移動
［→］もしくは［Tab］	1つ右のセルに移動
［←］もしくは［Shift］＋［Tab］	1つ左のセルに移動

LESSON 17　Excelの効率的な入力

ここがポイント！

①「参照」＝他のセルの値を反映する仕組み

②「相対参照」と「絶対参照」

❶「参照」=他のセルの値を反映する仕組み

　Excelでは、**複数のセルを組み合わせた計算式を作る際に、セルの参照機能を使用**します。例えば、A1セルに入力されている数値をC3セルにも表示させたい場合は、C3セルに「=A1」と入力します。これによりC3セルは、A1セルを参照し、A1セルの数値が変わると、C3セルもそれに連動して変わります（図17-1 上図）。

　この仕組みを利用することで、複数のセルに入った数値を計算してその結果を別のセルに表示させることも可能です。例えば、A1セルとB2セルの合計値をD4セルに表示させる場合、D4セルに「=A1+B2」と入力します。A1セルやB2セルの数値が変わった場合でも、計算結果は自動的に更新されます（図17-1 下図）。

❷「相対参照」と「絶対参照」

　セルを参照するときは、参照先の指定方法に注意が必要です。D4セルに「=A1+B2」が入力されている場合、D4セルをコピーしD5セルに貼り付けると、D5セルには「=A2+B3」の数式が自動で入力されます（図17-2）。これは**相対参照**と呼ばれる仕組みで、基準となるD4セルから見て「左に3、上に3移動したセルと左に2、上に2移動したセルを足す」という**位置関係を保持したままで参照先を指定している**ためです。

　コピー先のセルでも、同じセルを参照するためには、行と列の前に「$」を入れます。**「$」を使ったセルの参照を絶対参照**といいます。例えば「=A1+B2」を固定したい場合は、「=$A$1+$B$2」と入力します（図17-3）。列のみを固定したい場合は「$A1」、行のみを指定したい場合は「A$1」という形式で指定します。この参照の仕組みを押さえておくことで、柔軟に数式を作ることができます。

セルの参照

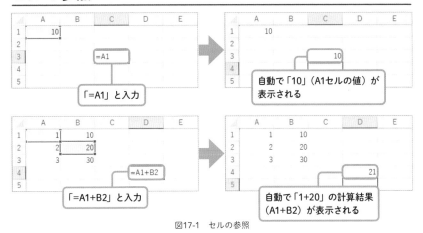

図17-1　セルの参照

相対参照と絶対参照

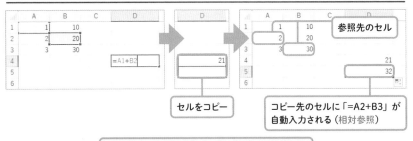

相対参照は数式をコピーすると参照先が変わる

図17-2　相対参照

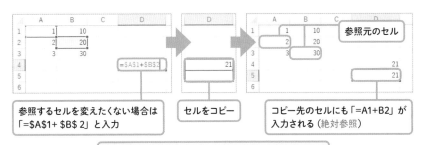

絶対参照は数式をコピーしても参照先が変わらない

図17-3　絶対参照

Excelで計算をする

ここがポイント！

❶ 演算子=計算に使う記号のこと

❷ 金額が自動計算される書類が作れる

❶ 演算子=計算に使う記号のこと

　計算式は、「=」ではじめるのが決まりです。セルの数値を使わず、直接数値を入力して計算したい場合も、「=3+2」という形で入力します。計算といえば「＋」「ー」「×」「÷」という記号を使った四則演算の式を思い浮かべる方もいるかもしれませんが、**Excelの場合は演算子と呼ばれる記号を使って式を作ります。**演算子の記号は、**足し算と引き算は「＋」と「-」**を使いますが、**掛け算の場合は「*（アスタリスク）」、割り算の場合は「/（スラッシュ）」**を使います。つまり「3×2」の計算を行うには、「=3*2」と入力する必要があります。またA1セルとB1セルの数値で掛け算を行う場合は、「=A1*B1」と入力します。

❷ 金額が自動計算される書類が作れる

　ここまでに紹介したExcelの機能を活用すると、経費報告書が簡単に作れます。例えば、A列を「費目」、B列を「税別金額」、C列を「税込金額」という経費報告書を作る場合、B列を使ってC列を自動的に計算できると便利です。

　1. まず、1行目に見出し、2行目以降に数値を入力します。

　2. C2セルに「=B2*1.1」と入力すると税込金額が表示されます（図18-2）。

　3. C3セル以降は、C2セルをコピーすると同じ計算が適用されます（図18-3）。

　式を個々に入力する必要がないので、入力ミスを防ぎつつ、手早く書類を作れます。また、税込金額の合計を自動的に計算するには、次のレッスンで説明する関数という機能を使います。例えば、C5セルに合計値を表示させたい場合は、C2からC4を選択した状態でホームタブにある「Σ（サム）」ボタンを押すと、C5セルに「=SUM(C2:C4)」という式が入力され、合計値が表示されます（図18-4）。

Excelの計算で使う記号

図18-1　演算子

演算子	計算の種類	計算式の例	計算結果
+	足し算	=10+2	12
-	引き算	=10-2	8
*	掛け算	=10*2	20
/	割り算	=10/2	5
^	べき乗	=10^2	100

Excelを使った経費報告書の例

C2に「=B2*1.1」と入力

計算結果が表示される

図18-2　税込価格の数式を作る

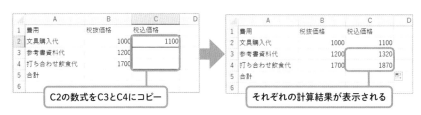

C2の数式をC3とC4にコピー

それぞれの計算結果が表示される

図18-3　数式をコピーする

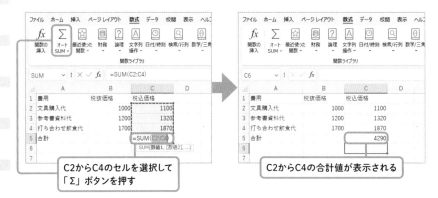

C2からC4のセルを選択して「Σ」ボタンを押す

C2からC4の合計値が表示される

図18-4　関数で合計値を求める

Excelで関数を使う

ここがポイント！

❶ 関数はデータを効率的に扱うためのもの

❷ 関数の入力に検索機能を活用しよう

❶ 関数はデータを効率的に扱うためのもの

これまでのレッスンで触れているように、**Excelで効率的に資料を作るためのカギとなるのが「関数」**です。**関数とは、特定の計算を自動的に実行するために、あらかじめ用意された式のこと**です。

代表的な関数の１つであるSUM関数は、「A1+A2+A3+A4…」のように指定範囲の合計を求める式が定義されています。また、**関数を使うときは、引数（ひきすう）と呼ばれる情報を関数に渡します。**引数は計算に使う数値やセル番号などで、「=SUM(C2:C7)」の場合は「C2:C7」の部分が引数です。「:」は「〜から〜」という意味で、「C2からC7」と解釈します。関数に引数を渡すことで、指定した数値やセルを使って、自動的に計算をさせることができます。指定されたセルのデータが変わると、計算結果も変わります。

❷ 関数の入力に検索機能を活用しよう

Excelでは、SUM関数以外にもさまざまな便利な関数が用意されています。例えば、MAX関数やMIN関数は、指定された範囲のセルから最大値や最小値を見つけるのに役立ちます。またTODAY関数は、現在の日時を表示し、残りの作業日数などを求めるのに重宝します。

関数は400種類以上もあるため、すべてを覚えることは難しいですが、**ホームタブ内の「Σ」の横にある「>」、もしくは数式タブの「関数の挿入」をクリックすると、関数の一覧を確認できます。**関数の一覧で用途を検索すると候補の関数が表示されるので、こちらの機能を活用してみてください。

関数の入力方法

$$=SUM(A1:A5)$$

関数名

引数と呼ばれる関数に渡す情報。関数ごとに決められた記載方法で、データやセル番号などを（）内に入れる

図19-1　関数の入力方法

代表的な関数

図19-2　代表的な関数

関数名	できること	使用例
SUM	指定範囲セルの数字の合計を計算	金額の合計を出す
MAX／MIN	指定範囲セルの最大値／最小値を表示	売上記録から最も高価な売上／最も安価な売上を見つける
IF	条件を指定し、当てはまるかどうかで異なる結果を表示する	「点数」が合格点以上なら「合格」、合格点未満なら「不合格」と表示する
XLOOKUP	指定範囲から特定の値を検索して、関連する値を表示	商品名で検索すると商品IDが表示される
COUNT	指定範囲のセルで、数値が入力されているセルの数を数える	顧客リストに登録されている人数を調べる
TODAY	当日の日付を表示	書類の作成日を入力する
NETWORKDAYS	2つの日付の期間の日数を表示	「開始日」から「終了日」までの日数を調べる

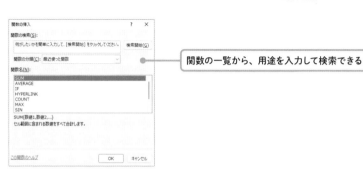

関数の一覧から、用途を入力して検索できる

図19-3　関数の一覧表示

Excelでグラフを作る

ここがポイント！

❶ さまざまなグラフを簡単に作成できる

❷ デザインやレイアウトも柔軟に変更できる

❶ さまざまなグラフを簡単に作成できる

　グラフは数値やデータの関係性を視覚的に表すため、傾向や比較が一目でわかり、情報をより効果的に伝えることができます。Excelでは、グラフにしたいデータを選択し、挿入タブからグラフの種類を選択するとグラフを作れます。

　また、**グラフを作る際はデータの内容に合わせて種類を選ぶことが重要**です。例えば、**棒グラフは大小の比較**に適しており、**円グラフは項目の割合を比較**することに適しています。他にも、**時間の推移比較には折れ線グラフ**が有用です。Excelにはおすすめグラフ機能が備わっており、データの特徴に基づいて適切なグラフを提案してくれます。

❷ デザインやレイアウトも柔軟に変更できる

　数値が多かったり、項目数が複数あったりする場合は、グラフの見た目を整えてみましょう。例えば、**グラフ内で強調したいデータがある場合、配色を変更するとよい**でしょう。

　作成したグラフを選択すると、ツールバーにグラフのデザインタブが表示されます。ここからクイックレイアウトやグラフスタイルなどを選んでデザインを変更できます。また、グラフの各項目をダブルクリックすると、「データ要素の書式設定」が表示されます。ここでは円グラフや棒グラフの各項目の色を変更することも可能です。さらに、グラフの見出しは、「グラフタイトル」の部分をクリックすれば入力できます。データの内容によって適切な見せ方が変わるため、どのグラフが適しているかを理解しておきましょう。

データからグラフを作成する

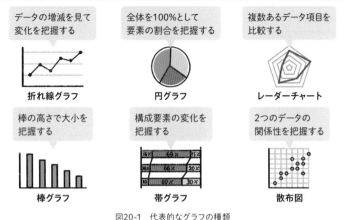

データの増減を見て
変化を把握する

折れ線グラフ

全体を100%として
要素の割合を把握する

円グラフ

複数あるデータ項目を
比較する

レーダーチャート

棒の高さで大小を
把握する

棒グラフ

構成要素の変化を
把握する

帯グラフ

2つのデータの
関係性を把握する

散布図

図20-1　代表的なグラフの種類

グラフの作成とデザイン調整

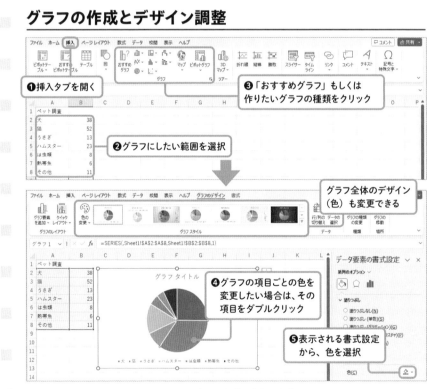

❶挿入タブを開く

❷グラフにしたい範囲を選択

❸「おすすめグラフ」もしくは
作りたいグラフの種類をクリック

グラフ全体のデザイン
（色）も変更できる

❹グラフの項目ごとの色を
変更したい場合は、その
項目をダブルクリック

❺表示される書式設定
から、色を選択

図20-2　グラフの作成とデザイン調整

PowerPointでできること

ここがポイント！

❶ 画像や図解を多用した資料を作成できる

❷ PowerPointは視覚効果に関する機能が豊富

❶ 画像や図解を多用した資料を作成できる

PowerPointは、プレゼンテーション用のスライドや、印刷もしくはPDFとして配布する資料を作成するためのアプリです。Wordは主に文字を扱うのに対して、PowerPointは画像や図解、グラフなど、さまざまな要素で構成される自由度の高いレイアウトの資料作成に適しています。

PowerPointの活用例としては、会社説明会や新製品の紹介などの資料が挙げられます。これらのスライドは印刷したり、PDF形式で配布したりもできます。また、パンフレットやポスターなどを作ることも可能です。

❷ PowerPointは視覚効果に関する機能が豊富

PowerPointでは、スライドに文字や写真、イラスト、表などを配置して資料を作成します。これらの要素には、**アニメーションと呼ばれる動きを設定でき、視覚的な効果を追加する**ことができます。ツールバーには、WordやExcelと同じく挿入や校閲などのタブがありますが、PowerPoint特有のものとして画面切り替えやアニメーションなど視覚効果に関連する項目が表示されます。画面の左側では、全ページのスライドを一覧で確認できるため、スライドの操作がしやすくなっています。また、画面下部のノートには、発表時のメモや話す内容などを入力するスペースも用意されています。

なお、初期設定ではプレゼンテーションに適した横長のサイズになっていますが、PDFなどでの配布を想定した資料を作る場合は、デザインタブの「スライドサイズ」から、A4などの用紙に合わせたサイズを選ぶとよいでしょう。

PowerPointの活用例

プレゼンテーション用の
スライド

印刷して使う
パンフレットやポスター

PDFで配布する
説明書やカタログ

図21-1　PowerPointの活用例

PowerPointの基本画面

ツールバー
（設定項目）

編集中のスライド

スライドの一覧が縮小された
状態で表示される

スライドを発表するときに話す内容を
ノートに記入しておくことができる

図21-2　PowerPointの基本画面

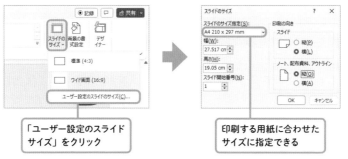

「ユーザー設定のスライド
サイズ」をクリック

印刷する用紙に合わせた
サイズに指定できる

図21-3　スライドのサイズ指定

LESSON 22 PowerPointの基本操作

ここがポイント！

❶ 情報を視覚的に表現しよう

❷ スライドショーで発表しよう

---

❶ 情報を視覚的に表現しよう

　PowerPointにはさまざまな**デザインテーマ**が用意されており、これらを使うことでスライドの作成がスムーズに進みます。デザインテーマにはあらかじめ配置された文字や画像が含まれているため、作りたいスライドの内容に合わせてそれらを差し替えていきましょう。

　また、スライド作成において便利な機能が、**SmartArt（スマートアート）**です。SmartArtには、あらかじめ四角や円などの図形の組み合わせが設定されており、手順の流れを表現する図やピラミッド図などが用意されています。文章での説明が難しい内容も、視覚的に表現することで、わかりやすい資料を作成できます。

　さらに、スライドでは**アニメーション**も重要な要素です。特に強調したい要素に使用すると効果的ですが、アニメーションを多用しすぎると印象がごちゃごちゃしてしまい、内容が把握しにくくなる場合があります。ビジネスの場面では、アニメーションの効果は、1〜2種類に絞り、適度に活用するとよいでしょう。

---

❷ スライドショーで発表しよう

　会議などでスライドを発表するときは、スライドショータブから［最初から］を選択しましょう。パソコンの画面をプロジェクターに投影している場合は、投影画面にはスライドが表示され、手元のパソコン画面にはノートに入力したテキストや次のスライド、タイマーなどが表示されます。

　またスライドショータブの［リハーサル］では、スライドの表示にかかる時間が確認できます。会議などでは発表の時間が限られている場合が多いので、事前に発表の練習をして本番に備えるとよいでしょう。

パッと見てわかる！ 図解まとめ

視覚的に表現するための機能

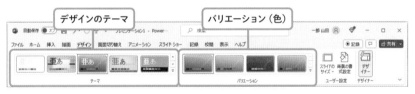

図22-1　PowerPointのデザインタブ

図22-2　PowerPointのアニメーション

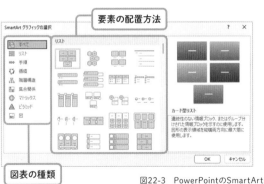

図22-3　PowerPointのSmartArt

プレゼン中は2画面で異なる表示ができる

投影中のスライド

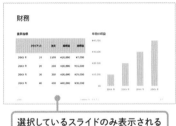

選択しているスライドのみ表示される

発表者のパソコン

選択しているスライド以外に、
ノートや次のスライドなどが表示される

図22-4　スライドショー

　Apache OpenOffice（アパッチオープンオフィス）は、ワープロアプリ、表計算アプリ、プレゼンテーションアプリなど、仕事に活用できるアプリを無料で提供しています。またMicrosoft Officeとの互換性を持ち、Apache OpenOfficeで保存したファイルは、Microsoft Officeでも開くことができ、その逆も可能です。Microsoft Officeがインストールされていないパソコンでファイルを開きたいときなどに、Apache OpenOfficeを代替として利用することができます。

Apache OpenOffice
https://www.openoffice.org/ja/

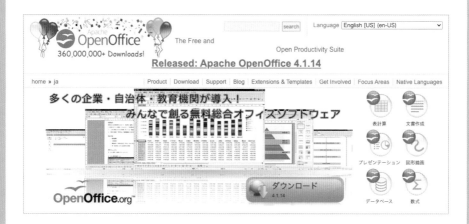

Apache OpenOfficeとMicrosoft Officeの互換性

種類	Apache OpenOffice	Microsoft Office
ワープロアプリ	OpenOffice Writer	Microsoft Word
表計算アプリ	OpenOffice Calc	Microsoft Excel
プレゼンテーションアプリ	OpenOffice Impress	Microsoft PowerPoint

3章

パソコンとネットワーク

インターネットの仕組み

ここがポイント！

❶ ネットワークにより電子機器が情報をやり取りできる

❷ インターネットを利用するためには2つの契約が必要

❶ ネットワークにより電子機器が情報をやり取りできる

　ネットワークとは、複数のコンピュータをつなげて、情報をやり取りできるようにしたものです。会社や学校など特定の範囲内で構築されたネットワークのことをLAN（Local Area Network）といいます。また、パソコンをネットワークにつなげるためには、物理的なケーブルであるLANケーブルか、無線LAN（Wi-Fi）を使います。

　LANが構築されていることで、会社内のネットワークにつなげたパソコンは、ファイルサーバにアクセスしてデータを管理したり、複合機にデータを送信して書類を印刷したりすることが可能になります。

❷ インターネットを利用するためには2つの契約が必要

　インターネットは、**多数のネットワークが相互につながる巨大なネットワークのこと**で、いまや日常生活だけでなく仕事にも欠かせない存在です。ネットワークをインターネットにつなげるためには、「回線事業者」と「プロバイダ」の2者と契約が必要です。

　回線事業者は、プロバイダまでの物理的な回線を提供します。ネットワークに接続するために必要な要素は、主にプロバイダが提供します。代表的な回線事業者にはNTTやKDDIがあり、プロバイダにはOCNやBIGLOBEなどが挙げられます。なお、回線事業者とプロバイダの契約が一体になったサービスもあります。

　仕事をするうえでは、ネットワークの利用が欠かせません。以降のレッスンでは、ネットワークに関する仕組みやサービスについて学んでいきましょう。

限られた範囲のネットワーク

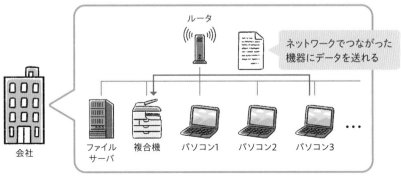

限られた範囲のネットワーク(LAN)

ルータ

ネットワークでつながった
機器にデータを送れる

会社

ファイル
サーバ　複合機　パソコン1　パソコン2　パソコン3　…

図23-1　社内ネットワークの例

インターネットにつなげるには

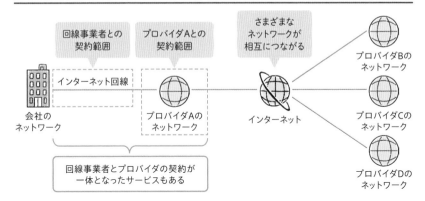

回線事業者との
契約範囲

プロバイダAとの
契約範囲

さまざまな
ネットワークが
相互につながる

プロバイダBの
ネットワーク

インターネット回線

会社の
ネットワーク

プロバイダAの
ネットワーク

インターネット

プロバイダCの
ネットワーク

回線事業者とプロバイダの契約が
一体となったサービスもある

プロバイダDの
ネットワーク

図23-2　インターネット

ワンポイント アドバイス

スマホでインターネットを使うには？

スマホの場合は、通信キャリアと契約するだけでインターネットを利用することが
できます。スマホは通信キャリアが用意した基地局と呼ばれるものを中継して、通
信キャリアのネットワークにつながり、そこからインターネットへとつながります。

インターネット上の住所

ここがポイント！

❶ ネットワーク上の住所を表す「IPアドレス」

❷「ドメイン」はIPアドレスをわかりやすく表現したもの

❶ ネットワーク上の住所を表す「IPアドレス」

手紙を送るときは宛名に送り先の住所と名前を記入しますが、**コンピュータ同士がデータをやり取りするときは、住所として「IPアドレス」を使用**します。ネットワークを構築するときは、ルータやハブと呼ばれる機器を使用します。ルータは異なるネットワークをつなぐ役割を果たし、インターネットへの接続に欠かせないものです。一方、ハブはLANケーブルでコンピュータやルータなどの機器をつなげます。コンピュータ同士がデータを送受信するときに、ルータやハブはIPアドレスを確認して、データを宛先に中継します。**社内ネットワーク内でのアクセスも、パソコンからファイルサーバや複合機にアクセスする際、IPアドレスが使われている**のです。なお、IPアドレスは、「198.51.100.1」のように、0〜255の範囲の数値4つで表します。

❷「ドメイン」はIPアドレスをわかりやすく表現したもの

Webサイトにアクセスするとき、「abcd-cfg.xxxx.com」といった形式のURLを使用します。この**URLに含まれる「xxxx.com」のような部分はドメインと呼ばれ、インターネット上の住所を文字でわかりやすく表現したもの**です。インターネット上の住所はIPアドレスで表現しますが、**DNS（Domain Name System）と呼ばれる仕組みを使って、ドメインを対応するIPアドレスに変換**します。これにより、WebブラウザにURLを入力することで、Webサイトにアクセスできるのです。

メールアドレスにおいても、@より後ろの部分はドメインであり、メール送信先の住所として使用されます。

IPアドレスでやり取りする相手を指定する

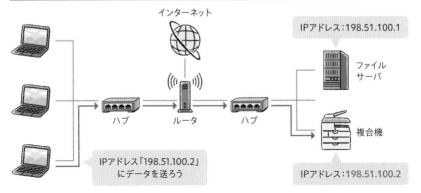

図24-1　IPアドレスでやり取りする相手を指定する

Webサイトにアクセスする流れ

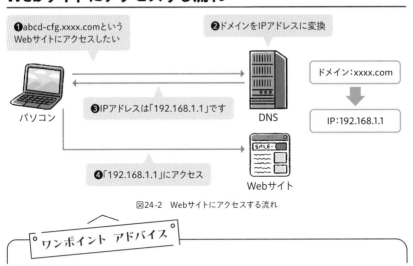

図24-2　Webサイトにアクセスする流れ

ワンポイント アドバイス

「http」と「https」の違い

WebサイトのURLには、「http」からはじまるものと、「https」からはじまるものがあります。両者の違いは通信が暗号化されているか否かで、「https」ではじまるWebサイトはHTTPSプロトコルと呼ばれる暗号化によって安全に通信できる仕組みが使われています。Webサイトの安全性を守る観点から現在はHTTPSが推奨されており、ブラウザによってはHTTPのWebサイトには「安全ではありません」などの警告が表示されます。

システムってなに？

ここがポイント！

❶ システム＝特定の機能やサービスを提供するもの

❷ 代表的なシステムの形態はクライアントサーバシステム

❶ システム＝特定の機能やサービスを提供するもの

ITにおける**システムとは、特定の機能やサービスを実現するために、複数の コンピュータやソフトウェアなどを組み合わせたもの**です。典型的なシステム には、OSやアプリが入ったコンピュータ、データを管理するためのデータベー ス、データをやり取りするためのネットワークなどが含まれます。ひとつのコン ピュータだけでシステムを構築することもできますが、通常は複数のコンピュー タを連携させて構築します。

例えば、会計業務を支援するシステムでは、経費などの情報を入力するための アプリがパソコンにインストールされ、そのパソコン上でデータ入力が行われま す。その後、入力されたデータは社内ネットワークを経由してサーバで処理され、 データベースに保存されます。

❷ 代表的なシステムの形態はクライアントサーバシステム

システムにはさまざまな形態がありますが、代表的なもののひとつとして**クラ イアントサーバシステム**があります。**サーバは、サービスやデータを提供するコ ンピュータまたはソフトウェア**です。対して**クライアントは、サーバに対してサー ビスやリソースの要求を行うコンピュータまたはソフトウェア**です。

例えば、スマホでWebサイトにアクセスする仕組みもクライアントサーバシ ステムに該当します。スマホのアプリがクライアントとなり、ユーザーの要求に 基づいてWebサイトのデータをサーバから提供します。サーバは必要なデータ の管理を行い、クライアントはデータの表示や入力を行います。このような形で 役割を分担することで、処理の負荷を分散し、安全にデータを管理できます。

システム構築の例

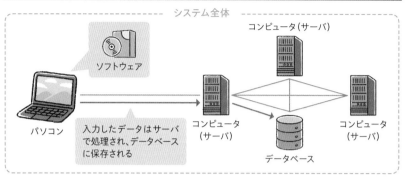

図25-1　システム

クライアントサーバシステム

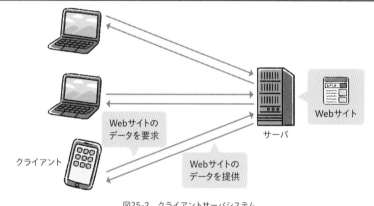

図25-2　クライアントサーバシステム

ワンポイント アドバイス

役割ごとにサーバの種類は異なる

サーバには役割によっていくつかの種類があります。例えば、Webサーバ、ファイルサーバ、メールサーバ、データベースサーバなどです。Webサーバは主にWebサイトの提供を担当し、ファイルサーバはファイルの保存や管理を行い、メールサーバはメールの送受信を処理します。データベースサーバはソフトウェアで使用するデータの管理を行います。なお、データベースサーバはほとんどの場合、データベースと表現されます。

サーバを管理する方法

ここがポイント！

❶ システムの規模によってサーバの管理方法を検討する

❷ サーバを管理する新しい形態としてクラウドもある

❶ システムの規模によってサーバの管理方法を検討する

　自社でシステムの構築や運用を行うためには、サーバが不可欠です。**規模の小さいシステムであれば、社内にサーバ用のコンピュータを置いて利用**します。この形態を「**オンプレミス**」といいます。この形態では、機器を社内で管理でき、柔軟な使い方が可能ですが、初期投資が大きく、メンテナンスには継続的なコストがかかります。一方で、大規模なシステムでは、ハウジングサービスやホスティングサービスを利用します。

　ハウジングサービスは、データセンターと呼ばれる場所で、サーバを預かり、管理するサービスです。もう一方の**ホスティングサービスは、データセンターに用意されたサーバを貸し出すサービス**で、レンタルサーバとも呼ばれます。どちらもサーバの操作は遠隔地からネットワークを通じて行います。

　サーバをどのように管理するかは、システムエンジニアの仕事であり、それぞれ形態にはメリット・デメリットがあります。基本的な概要を把握しておくと、意思決定に役立つでしょう。

❷ サーバを管理する新しい形態としてクラウドもある

　従来のシステムでは、オンプレミス、ハウジングサービス、ホスティングサービスのいずれかの形態を利用することが一般的でした。しかし、近年ではこれらに加えてクラウドという形態が選択肢として増えました。**クラウドは、必要なときに必要な分だけサーバやソフトウェアなどを利用できる**ため、スピーディーなシステム開発に大きな利点があります。クラウドについては、P.126であらためて説明します。

パッと見てわかる! 図解まとめ

サーバの管理方法

オンプレミス	ハウジングサービス	ホスティングサービス
会社内にサーバを設置して管理	サーバを預ける	サーバを借りる

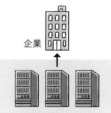

社内	データセンター	データセンター
メリット ・カスタマイズの自由度が高い	**メリット** ・施設の維持管理が不要 ・カスタマイズの自由度が高い	**メリット** ・施設の維持管理が不要 ・初期費用が少ない ・サーバの保守管理は不要
デメリット ・初期費用と維持費が高い ・災害時のリスクがある	**デメリット** ・初期費用が高い ・サーバの保守管理は利用者側が行う	**デメリット** ・カスタマイズの自由度が低い ・トラブル発生時に業者の対応待ちになり、時間がかかる場合がある

図26-1　サーバの管理方法

ワンポイント アドバイス

代表的なクラウドサービスの名称

AWSやGCPなどはクラウドサービスの名称です。特に、システムを提供する側の会社に勤めている方は、押さえておきましょう。

名称	概要
Amazon Web Services（AWS）	Amazon社が運営する、さまざまなシステムをクラウドで提供するサービス
Microsoft Azure	Microsoft社が提供するクラウドサービス。Microsoft製品との連携のしやすさが強み
Google Cloud Platform（GCP）	Google社が提供するクラウドサービス。データ分析や機械学習に強みを持つ
さくらのクラウド	さくらインターネット株式会社が提供する、日本産のクラウドサービス

PART **3** ▼ パソコンとネットワーク

Webページを見る

ここがポイント！

❶ WebブラウザはWebサイトを閲覧するためのアプリ

❷ Webサイトの閲覧以外にもさまざまな用途がある

❶ WebブラウザはWebサイトを閲覧するためのアプリ

　インターネットの利用に欠かせないアプリといえば、**Webブラウザ**です。**Webブラウザは、インターネット上のWebサイトにアクセスし、そのコンテンツ（Webサイトの情報）を取得して表示するためのアプリ**で、Webブラウザアプリともいいます。URLをアドレスバーに入力することで、対応するWebサーバからコンテンツを取得し、ユーザーに表示します。Webブラウザは、クライアントサーバシステムにおけるクライアントの一種として機能します。

　代表的なWebブラウザには、Microsoft EdgeやGoogle Chrome、Safari、Firefoxなどが挙げられます。WindowsパソコンにはMicrosoft Edge、macOSのパソコンにはSafariがあらかじめインストールされています。ユーザーが別のWebブラウザを選択してインストールすることも可能です。ただし、Webサービスによっては、利用できるWebブラウザに制限があるため、事前に確認するようにしましょう。

❷ Webサイトの閲覧以外にもさまざまな用途がある

　Webブラウザは主にWebサイトを閲覧するために使われますが、近年ではそれ以外にもさまざまな目的で利用されています。具体的には、GoogleやYahoo!などの検索エンジンを利用して情報を検索、動画配信サービスを利用して動画の視聴、ECサイトでの買い物などが挙げられます。仕事では情報収集をする場面が多いため、無意識に行っている方もいるでしょう。また、クラウドサービス（P.126）もWebブラウザを介して利用され、仕事には欠かせないアプリとなっています。

パッと見てわかる！　図解まとめ

Webブラウザでできること

図27-1　Webサイトの閲覧

図27-2　Webブラウザでできること

図27-3　代表的なWebブラウザ

ブラウザ名	概要
Microsoft Edge	Microsoft 社が提供する Web ブラウザで、Windows パソコンには標準で搭載されている
Safari	Apple 社が提供する Web ブラウザで、Apple 製品には標準で搭載されている
Google Chrome	Google 社が提供する Web ブラウザで、Android のスマホには標準で搭載されている

メールを使ったやり取り

ここがポイント！

❶ メールは時間を選ばず連絡可能で記録が残せる

❷ メール送信には、宛先となるメールアドレスが必要

❶ メールは時間を選ばず連絡可能で記録が残せる

　ビジネスシーンにおいて、重要なコミュニケーション手段のひとつが電子メール（メール）です。平成初期までは、遠く離れた相手とのコミュニケーションは、電話や郵便が主な手段でしたが、ネットワークの普及によりメールが利用されるようになりました。

　メールのメリットは、相手に瞬時に届くことと、一度に複数の人に送信できることです。また、メールの**送受信は24時間可能**であり、電話のように相手の都合を気にせずコミュニケーションがとれます。ただし、メールでは即座に返答が得られないため、緊急時の連絡手段としては不適切です。また、ビジネスメールでは、フォーマルな書き方や形式的な書き方、ビジネスマナーなどが求められます。そのため、**迅速なやり取りが必要な場合には電話やチャットアプリ（P.76）を活用し、依頼や報告など正式な連絡には記録が残るメールを使用**するなど、それぞれの特性に合わせた使い分けが重要です。

❷ メール送信には、宛先となるメールアドレスが必要

　メールを送る際に欠かせないものが、メールアドレスです。URLがウェブサイトの住所を表すように、メールアドレスは送信先の「住所」を表します。

　スマホの場合、大手の通信キャリアと契約すると、そのキャリア専用のドメインが付いたメールアドレスが発行されます。また、企業や学校では、入社（入学）したときに、本人専用のメールアドレスが割り当てられることが一般的です。その他にも、GmailやiCloudメールなどの無料提供されているサービスでメールアドレスを発行する方法もあります。

メールを使ったやり取りのメリットとデメリット

メリット

相手の時間を気にせず、
24時間いつでも送れる

複数人に一括で送れる

やり取りの記録を残せる

デメリット

すぐに返信があるとは
かぎらない

ビジネスマナーが
求められる

フィッシングメールなど悪意の
あるメールに注意が必要

図28-1　メリットとデメリット

メールに欠かせないメールアドレス

$$\text{takahashi@example.com}$$

アカウント名（名前）　　　　ドメイン（住所）

図28-2　メールアドレス

> **ワンポイント アドバイス**
>
> ### メールの送受信に使うアプリ
>
> 代表的なものとして、Windowsに標準搭載されている「メール」やMicrosoft Officeの「Outlook」、多機能でカスタマイズがしやすい「Thunderbird」などがあります。これらはパソコンやスマホにインストールして利用します。アプリを設定すれば、基本的にどのメールアプリでも任意のメールアドレスでの送受信が可能です。また、複数のメールアドレスを使い分ける場合でも、ひとつのアプリに複数のアドレスを登録できます。なお、企業によっては独自のメールアプリを使用する場合もあります。

LESSON
29 メールの基礎知識

ここがポイント！

❶ メールが送受信される仕組みを理解しよう

❷ メールの受信方式によってメールの管理方法が異なる

❶ メールが送受信される仕組みを理解しよう

　メールの送受信は、メールサーバがその役割を担当しています。スマホやパソコンでメールを書いて送信すると、送信側のメールサーバにそのメールが送られます。送信側のメールサーバは、DNSを使用して宛先のIPアドレスを確認し、その後、受信側のメールサーバにメールを送ります。そして、受信側のメールサーバから受信先のスマホやパソコンにメールが届く仕組みです。

　まれに正しいメールアドレスであるにもかかわらずメールが届かない、もしくは送信できないといった現象が発生することがあります。この場合、送信側か受信側のいずれかのメールサーバに問題がある可能性が高いです。自社のメールアドレスを使用している場合は、システム担当者に問い合わせてみるとよいでしょう。

❷ メールの受信方式によってメールの管理方法が異なる

　メールを受信する方式は、「POP（Post Office Protocol）」と「IMAP（Internet Message Access Protocol）」があります。この２つの違いは、メールの管理方法にあります。**「POP」は、利用者の端末にメールをダウンロードし、通常はダウンロード後にメールサーバ上のメールを削除**します。この方式では、メールが端末にダウンロードされるため、オフラインの状態でもメールを閲覧できます。対して**「IMAP」は、メールをメールサーバ上で管理するため、複数の端末からメールを確認できます**。ただし、オフライン環境では、メールを確認できません。どちらの方式を選ぶかは、使用環境やニーズによりますが、リモートワークにも柔軟に対応できるため、「IMAP」の利用をおすすめします。

メールが送信される仕組み

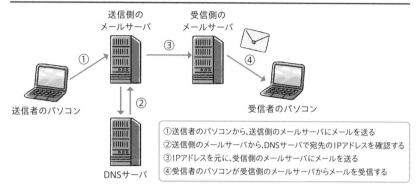

①送信者のパソコンから、送信側のメールサーバにメールを送る
②送信側のメールサーバから、DNSサーバで宛先のIPアドレスを確認する
③IPアドレスを元に、受信側のメールサーバにメールを送る
④受信者のパソコンが受信側のメールサーバからメールを受信する

送信側の
メールサーバ

受信側の
メールサーバ

送信者のパソコン

受信者のパソコン

DNSサーバ

図29-1　メールが送信される仕組み

メールの受信方式

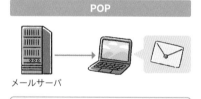

POP	IMAP

メールサーバ

メールサーバ

基本的に、メールはパソコンなどの端末で管理する。端末がメールを受信すると、メールサーバからメールが削除される

メールはメールサーバで管理する。複数の端末からメールを確認することが可能。メールサーバの容量が足りなくなると、メールが受信できなくなる

図29-2　メールの受信方式

ワンポイント アドバイス

メールアプリの初期設定

メールアプリでメールの送受信を行うには、最初にメールアドレスの情報を入力して設定を行う必要があります。メールアドレスやパスワードの他、POP、IMAPのどちらを使用するかの選択や、メールサーバ名の入力なども必要になります。会社で利用するメールの場合、POPかIMAPかは指定されることがほとんどです。また、具体的な手順や入力内容は環境によって異なるため、実際に使用するメールアプリのヘルプページや、メールアドレスの契約情報などを確認したうえで作業しましょう。

メールのあて先

ここがポイント！

❶「TO」「CC」「BCC」を使い分けてメールを送ろう

❶「TO」「CC」「BCC」を使い分けてメールを送ろう

　メールを送るときは送信の種類に気をつけましょう。**メールの送信には、「TO」「CC」「BCC」の3つの種類があり、これらは誰からの返信を期待しているか、送信先の他の宛先から隠す必要があるかによって使い分けます。**

①TO＝メインでやり取りする相手

　「TO」は宛先を指定するもので、メインでやり取りする相手のメールアドレスを指定します。複数のメールアドレスを指定することもできますが、誰から返信を期待しているのかがわかりにくくなります。会議の招待メールや社員全員へのお知らせメールなど、特定の理由がないかぎり、TOに指定するメールアドレスは1つに絞ったほうがよいでしょう。

②CC＝情報を共有したい相手

　CC（Carbon Copy）は複写という意味で、メインでやり取りする相手ではないが、情報を共有したい相手のメールアドレスを指定します。CCに指定したメールアドレスは他の宛先にも公開されます。例えば、取引先にメールを送る際、メインでやり取りする相手をTOに指定し、自分の上司をCCに指定すれば、やり取りしている内容を上司にも共有することができます。

③BCC＝メールアドレスを隠して情報共有をしたい相手

　BCC（Blind Carbon Copy）に指定したメールアドレスは他の宛先からは見えません。そのため、個々のプライバシーを保ちつつ、情報を共有したい相手を指定できます。具体的には、複数の顧客に対し、一括でお知らせメールを送りたい場合などに使用します。

「TO」「CC」「BCC」の違い

送信先のメールアドレスの入力欄。
「TO」は「宛先」と表示されることが多い

図30-1　メールアドレスの入力欄

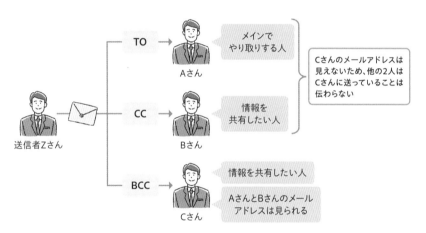

図30-2　「TO」「CC」「BCC」の違い

ワンポイント アドバイス

「CC」の人がメールに返信するとどうなる？

「CC」でメールを受け取った人がメールに返信する場合、送信者だけに返信するか、「TO」の宛先や、他の「CC」に指定されている宛先の人たちにも返信を送るかを選ぶことができます。なお、「BCC」の人も、「TO」や「CC」の人にメールを返信することが可能です。

メール作成をスムーズに行うには

ここがポイント！

❶ テンプレートを活用してメール作成を効率化

❷ ファイルを添付するときはサイズに注意

❶ テンプレートを活用してメール作成を効率化

　仕事でメールを送る場合、「●●様　お世話になっております。」からはじまり、「どうぞよろしくお願いいたします。」で終わるといった形式が一般的です。しかし、同じ文章を繰り返し入力するのは非効率的です。そのため、**よく入力する文面は、相手の名前や日付などを空欄にしたテンプレートとして用意しておくと便利**です。そうすれば、テンプレートに必要な情報を挿入するだけで簡単にメールが作れます。

　また、メールの末尾には氏名や会社名、連絡先などをまとめた「署名」を記載します。この署名もあらかじめ登録しておくことで、新しいメールを作成したとき、自動的に挿入することができます。

❷ ファイルを添付するときはサイズに注意

　メールを送信する際には、ファイルを添付して送ることもできます。この**メールとあわせて送るファイルを「添付ファイル」**といいます。添付ファイルを送るときは、メール本文にも「添付ファイルをご確認ください。」など、一言添えるようにしましょう。

　なお、ファイルを添付する際にはファイルサイズにも注意しましょう。送信できるメールのデータ容量には上限があり、大容量のファイルを送信しようとすると、送信に失敗する場合があります。**送信可能なデータ容量は、メールサービスによって異なりますが、一般的には10メガバイトを目安にするとよいでしょう。**それ以上のファイルを送る場合は、ファイル転送サービスやオンラインストレージ（P.128）の利用をおすすめします。

テンプレートでメール作成の手間を軽減

社外の人へ連絡するときのテンプレート

さま

お世話になっております。
株式会社XXX社の高橋です。

どうぞよろしくお願いいたします。
――――――――――――――――――
株式会社XXX
高橋圭介
E-mail：takahashi@example.com

署名

上司へ報告書を送るときのテンプレート

田中課長

お疲れ様です。
今週の業務報告書を添付いたします。

ご確認のほど、よろしくお願いいたします。
――――――――――――――――――
株式会社XXX
高橋圭介
E-mail：takahashi@example.com

図31-1　メールのテンプレート例

サイズの大きなファイルは添付できないことがある

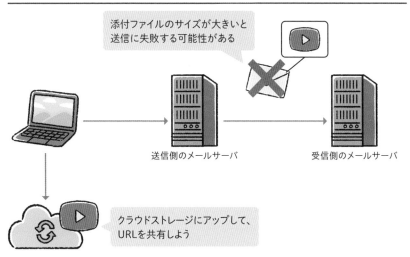

添付ファイルのサイズが大きいと
送信に失敗する可能性がある

送信側のメールサーバ　　　　　　　受信側のメールサーバ

クラウドストレージにアップして、
URLを共有しよう

図31-2　添付ファイルの注意点

メールを管理するポイント

ここがポイント！

❶ フォルダに分類することで管理しやすくなる

❷「アーカイブ」フォルダもうまく活用する

❶ フォルダに分類することで管理しやすくなる

　仕事でやり取りをする人が増えると、受信するメールの量も増えていきます。通常、受信したメールは「受信トレイ」に入ります。日々多くのメールが届く中で、異なる案件やトピックのメールが混在すると、あとから必要なメールを見つけることが難しくなります。**受信したメールを整理するためには、メールを分類するフォルダを作成すると便利**です。

　また一部のメールアプリには、条件に応じて自動的にメールを特定のフォルダに振り分ける機能があります。例えば、特定のドメインのメールアドレスから届いたメールを、「株式会社XXX」というフォルダに自動的に移動させるような設定が可能です。さらに重要なメールは、「お気に入り（フラグ）」という設定をしておくことで、返信が必要なメールや特に重要なメールを見分けることができます。

❷「アーカイブ」フォルダもうまく活用する

　多くのメールアプリには、あらかじめ「アーカイブ」という名前のフォルダが用意されています。アーカイブフォルダは、「今は必要ないけれど、削除はしたくないメール」を保管しておくのに適しています。例えば、完了したプロジェクトに関するメールや、サービスを契約したときの確認メールなどは、普段は使わないものの、将来読み返す必要が出てくる可能性があるので削除してしまうのは不安です。そういったメールをアーカイブに集約することで、受信トレイをすっきりさせながら、情報をきちんと残すことができるのです。

メールはフォルダに分類して整理する

📁 受信トレイ
- 📁 重要
- 📁 株式会社XXX
- 📁 ●●●プロジェクト

> 送信元のメールアドレスやメールの内容に応じて分類するフォルダを作成し、メールを入れる

●振り分けルールの例

・送信元のメールアドレスでフォルダを指定

> 送信元のドメインが「example.com」の場合、「株式会社XXX 」フォルダに入れる

・件名に入っている文字でフォルダを指定

> 件名に「重要」が含まれている場合、「重要」フォルダに入れる

> 件名に「●●●プロジェクト」が含まれている場合、
> 「 ●●●プロジェクト」フォルダに入れる

図32-1　メールの振り分け

メールにフラグを付ける（お気に入り設定をする）

あとで見返したいメールや重要なメールにフラグを付ける

フラグを付けたメールだけを表示することができる

検索

受信トレイ　　　　すべて

山田 一郎
新規案件のご相談　　17:55
高橋様 いつもお世話になっております。

受信トレイ　　　フラグ付き ∨

山田 一郎
新規案件のご相談　　17:55
高橋様 いつもお世話になっております。

図32-2　メールのフラグ設定

ワンポイント アドバイス

メールを誤って削除してしまったら？

受信トレイや自分で作成したフォルダ内のメールを削除した場合、そのメールは「ゴミ箱」フォルダに移動されます。必要なメールを間違って削除してしまった場合は、「ゴミ箱」フォルダを開いてそのメールを開き、右クリックメニューなどから元のフォルダに戻すことが可能です。（具体的な操作方法はメールアプリによって異なります）

メール以外の
コミュニケーションツール

ここがポイント！

1 メールに代わってチャットやビデオ会議でやり取りすることも

2 コミュニケーションツールは使い分けが肝心

1 メールに代わってチャットやビデオ会議でやり取りすることも

　近年はメールとあわせて、チャットアプリ（チャット）やビデオ通話アプリ（ビデオ会議）なども使って、社内外の人とやり取りをするのが一般的です。メールにはあいさつから書きはじめるなどのビジネスマナーがあり、ときには内容が伝わりにくくなることもあります。また、緊急時の連絡手段としては向いていません。それに対して**チャットは、まるで会話をしているかのようにやり取りでき**、リアルタイムでコミュニケーションをとるのに適しています。「Slack」や「Chatwork」、「Microsoft Teams」などが代表的なチャットアプリです。

　また、**ビデオ会議は、離れた場所にいながらもお互いの顔を見ながら直接会話ができます**。文章だけでは表現しきれないことを伝えたり、対面での会議の代わりに使われたりします。また、セミナーや勉強会のようなイベントにも活用されており、リモートワークには欠かせません。「Zoom」や「Google Meat」、「Microsoft Teams」などが代表的なビデオ通話アプリです。

2 コミュニケーションツールは使い分けが肝心

　メール、チャット、ビデオ会議は、それぞれメリットとデメリットがあります。そのため、**用途に応じて使い分けることが重要**です。チャットでは、短文のメッセージをやり取りすることが多いため、重要な情報を見逃してしまう恐れがあります。そのため、正式な文書のやり取りや、業務上の重要な情報を共有する場合は、メールで連絡したほうがよいでしょう。逆に、スピーディーなやり取りが必要な場面では、チャットを活用しましょう。

仕事で使うコミュニケーションツール

正式な文書のやり取りや、重要な情報共有が得意

メール

会話ベースで、スピーディーなやり取りが得意

チャット

文字だけでは伝わりにくいことを伝えるのが得意

ビデオ会議

図33-1　コミュニケーションツール

図33-2　主なチャットアプリとビデオ通話アプリ

名称	概要
Microsoft Teams	Microsoft 社がビジネス向けに提供するサービスで、アプリ内にチャットとビデオ会議の仕組みがある
Slack	グループごとに「ワークスペース」を作成し、その中に話題ごとの「チャンネル」を作成してやり取りを行うチャット。ビデオ会議も可能
Zoom	広く普及しているビデオ会議システム。パソコン用とスマホ用のアプリが提供されている。有料プランと無料プランがあり、無料プランは 1 回 40 分までの制限がある
Google Meat	Google 社が提供するビデオ会議システム。Google アカウントを使用し、Web ブラウザやスマホアプリで会議に参加できる
Chatwork	チャットアプリのひとつで、ビデオ会議にも使用できる

チャットでやり取りするときの注意点

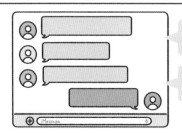

会話ベースなので、話が流れやすく、取りこぼす可能性がある

重要な情報をチャットで連絡する場合は、メールなどでも送るとよい

図33-3　チャットでやり取りするときの注意点

リモートワーク

❶ チャット×ビデオ会議×オンラインストレージでリモートワークを実現

❷ リモートアクセスで社内のコンピュータに接続

❶ チャット×ビデオ会議×オンラインストレージでリモートワークを実現

　リモートワークとは、自宅やコワーキングスペースなど、会社のオフィスから離れた場所で仕事をするスタイルです。ITの進化により、会社外にいても、オフィスと同等の業務が行えるようになりました。

　リモートワークでは、チャット、ビデオ会議、オンラインストレージを活用します。通常、オフィスで働く際には、同僚や上司が身近にいるため、質問や情報共有が容易です。しかし、リモートワークでは、同じ部署のメンバーや上司が遠隔地にいるため、直接の対話はできません。そのため、リモートワークでは、チャットを使って、常にやり取りができる環境を整えます。

　さらに、社内の会議をビデオ会議に切り換えたり、ファイルの共有にオンラインストレージを利用したりすることで、通常の業務を円滑に進めることができます。

❷ リモートアクセスで社内のコンピュータに接続

　リモートワーク中、社内ネットワークのファイルサーバに格納されているデータが必要になることがあります。このような場合、社外から社内のコンピュータに、安全に接続する必要があります。リモートワーク環境から社内のデータにアクセスできる仕組みを**「リモートアクセス」と呼びます**。

　リモートアクセスにはいくつか方式がありますが、その中でも代表的なものがVPN（Virtual Private Network）です。VPNについては、次の章で詳しく解説します。

リモートワークとは

チャットやビデオ会議、オンライン
ストレージなどを活用して作業する

自宅やコワーキングスペースなど、
オフィス以外で働く

図34-1 リモートワーク

リモートアクセスとは

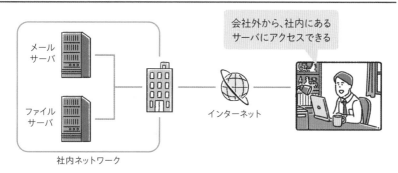

会社外から、社内にある
サーバにアクセスできる

メール
サーバ

ファイル
サーバ

社内ネットワーク

インターネット

図34-2 リモートアクセス

データの大きさを表す単位

コンピュータで表す情報の大きさは、「バイト（byte）」という単位を使って表します。しかし、コンピュータの性能が上がるにつれて、扱えるデータ量が多くなったため、K（キロ）やM（メガ）などの接頭語を付けて表現するのが一般的です。

1,000バイトは1Kバイトと表現し、1,000Kバイトは1Mバイトと表現します。以降も1000倍の区切りごとに、接頭語があります。一般的には、T（テラ）まで押さえておけば大丈夫です。なお、Tの次はP（ペタ）、Pの次はE（エクサ）という接頭語です。

接頭語	例
K（キロ）	1K バイト =1,000 バイト
M（メガ）	1M バイト =1,000,000 バイト（1,000K バイト）
G（ギガ）	1G バイト =1,000,000,000 バイト（1,000M バイト）
T（テラ）	1T バイト =1,000, 000,000,000 バイト（1,000G バイト）

スマホの場合、通信キャリアとの契約内容によって、通信できるデータ量に制限があります。月末になると、データ量を使い切ってしまい「ギガ不足」の状態になってしまう方がいるのではないでしょうか。このギガはまさに、データ量を表す接頭語のひとつです。

4章

情報セキュリティ対策

サイバー攻撃と情報セキュリティ対策

ここがポイント！

① 企業の情報を守るために情報セキュリティ対策が重要視されている

② 情報セキュリティ対策のために正しい知識を身につけよう

① 企業の情報を守るために情報セキュリティ対策が重要視されている

　パソコンやスマホを利用して手軽に情報を収集したり、コミュニケーションをとったりすることは便利ですが、この利便性が悪用されることがあります。その代表的なものがサイバー攻撃です。サイバー攻撃とは、ネットワークを通じてコンピュータなどに対して行われる悪意のある攻撃のことで、**機密情報の不正取得やシステムの破壊など、相手に損害を与えたり、取得した情報を金銭に変えたりすることなどを主な目的**としています。

　企業は社員の個人情報や顧客情報、ビジネスに関する機密情報など、さまざまな情報を保有しています。情報が漏えいすると、会社の信用失墜による顧客離れや財務的損失の発生など、影響は深刻です。さらに、ECサイトや業務システムが攻撃により停止すると、販売損失や業務の滞りが生じる可能性があります。こうした被害を未然に防ぐために、**企業では情報を守るための対策を行い、リスクを最小限におさえる取り組みが求められています。情報資産を守る取り組みのことを情報セキュリティ対策**といいます。

② 情報セキュリティ対策のために正しい知識を身につけよう

　情報資産は、単に情報そのものだけでなく、パソコンやHDDなどの物理的な機器も含まれます。また、情報資産を脅かす要因は、サイバー攻撃のような技術的脅威だけでなく、操作ミスや内部不正などの人為的脅威、災害による物理的な損傷といった要素も含まれます。情報セキュリティ対策は、情報システム部門やセキュリティ対策部門などが主体となって行いますが、**皆さん一人ひとりが正しい知識を身につけ、情報資産を守るための積極的な姿勢を持つことが重要です。**

サイバー攻撃とは

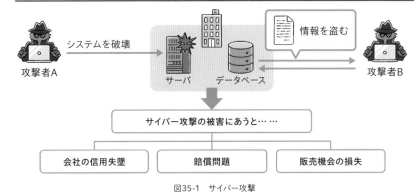

システムを破壊

攻撃者A

サーバ　データベース

情報を盗む

攻撃者B

サイバー攻撃の被害にあうと……

| 会社の信用失墜 | 賠償問題 | 販売機会の損失 |

図35-1　サイバー攻撃

情報セキュリティ対策

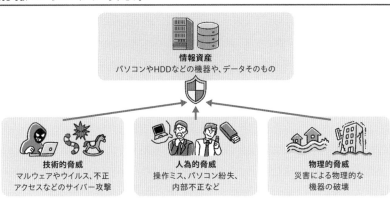

情報資産
パソコンやHDDなどの機器や、データそのもの

技術的脅威
マルウェアやウイルス、不正
アクセスなどのサイバー攻撃

人為的脅威
操作ミス、パソコン紛失、
内部不正など

物理的脅威
災害による物理的な
機器の破壊

図35-2　情報セキュリティ対策

ワンポイント アドバイス

情報セキュリティとは

情報セキュリティとは、情報資産が「正しい情報を、許可された人が、いつでも使用できる状態」を保っていることです。ただし、情報セキュリティ対策を強固にすると、アクセスが得づらい、限られた時間しかアクセスできないなど、仕事に支障をきたす状態が発生する場合もあります。情報セキュリティ対策では、情報資産を守りつつ、必要に応じて取り扱えるように、バランスを保つことが重要です。

情報資産を守るための取り組み①

ここがポイント！

1 人為的な情報漏えいを防ぐために大切な情報の取り扱いは要注意

2 遠隔地にデータをバックアップして情報資産を守る

1 人為的な情報漏えいを防ぐために大切な情報の取り扱いは要注意

情報セキュリティ対策の中で、サイバー攻撃と同様に注意が必要なのは、**社員のミスや内部不正による情報漏えい**です。実際の事例として、「顧客情報が入った社用のパソコンを紛失した」「メールの宛先を間違えてしまい、社員情報を取引先に送ってしまった」といった社員のミスが挙げられます。また、「A社の顧客情報を持ってB社に転職した」といった意図的な情報の持ち出しも内部不正の一例です。これらの事例は企業にとって大きな影響をもたらすだけでなく、原因となった社員が何らかの処分を受ける可能性もあります。

これらの人為的な脅威を防ぐために、**企業は重要な情報の取り扱いについての規定を定めています。**また、**部署ごとや役職ごとに機器やシステムへのアクセス制限が設けられ、使用時に認証を求める仕組みが導入**されていることもあります。認証が必要な操作は手間がかかるかもしれませんが、大切な情報を守るためには必要な対策です。規定がある場合には、これに従って情報資産を取り扱いましょう。

2 遠隔地にデータをバックアップして情報資産を守る

近年は、地震や洪水などの自然災害が増えており、この対策としてデータのバックアップを遠隔地で行う取り組みが注目されています。

データのバックアップには、物理的にオフィスから離れた場所にあるデータセンター（P.154）やクラウドサービスが活用されています。もしオフィスそのものが自然災害に見舞われたとしても、遠隔地にバックアップされたデータがあれば情報資産を守ることができ、被害を軽減することができます。

情報漏えい対策

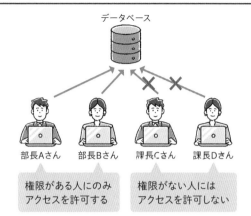

図36-1　アクセス制限

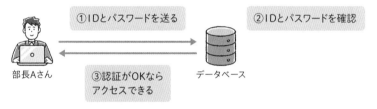

図36-2　認証

遠隔地にデータをバックアップ

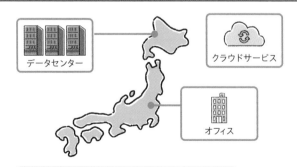

> オフィスが災害に見舞われても、データを遠隔地で
> 管理しておくことで、情報資産を守ることができる

図36-3　遠隔地にデータをバックアップ

情報資産を守るための取り組み②

ここがポイント！

❶ ソフトウェアを最新の状態にしてサイバー攻撃を防ごう

❷ 怪しいものを見極める目を持とう

❶ ソフトウェアを最新の状態にしてサイバー攻撃を防ごう

　サイバー攻撃などの技術的な脅威への対策としては、**OSなどのソフトウェアを最新の状態に保つことや、ウイルス対策ソフトウェアの導入**が有効です。ソフトウェアには、脆弱性と呼ばれる不具合や欠陥が発生します。サイバー攻撃は、その脆弱性を突いて攻撃を仕掛けてくるので、脆弱性を放置しておくことは大変危険です。ソフトウェアのアップデートは脆弱性を修正するものでもあるので、通知が届いた際には、すみやかに更新しましょう。また、ウイルス対策ソフトウェアは、マルウェア（P.88）やコンピュータウイルスからパソコンを保護し、感染していないかを定期的にチェックします。さらに、**ファイアウォールという仕組みを導入して、許可がないアクセスを遮断することも有効な対策**です。これらの対策を組み合わせることで、より堅牢なセキュリティ環境を構築することが可能です。

❷ 怪しいものを見極める目を持とう

　OSなどのソフトウェアを最新に保ち、ウイルス対策ソフトウェアを導入することは重要ですが、それだけでは十分ではありません。**サイバー攻撃の手法は日々進歩しており、新しいマルウェアなどは検知できない場合もあります。**そのため、怪しいメールの添付ファイルを開いたり、改ざんされたWebサイトにアクセスしたりするとマルウェアに感染してしまう危険性があります。これらの被害にあわないように、**サイバー攻撃の手法を理解し、「怪しいもの」を見極める目を持つ必要があります。**

　以降のレッスンでは、代表的なサイバー攻撃の手法やその対策などについて説明していきます。情報資産を守るために、しっかりと押さえておきましょう。

サイバー攻撃からパソコンやスマホを守る方法

ソフトウェアを
最新の状態に保つ

ウイルス対策ソフトウェアを
インストールする

ファイアウォールで
不正なアクセスを防ぐ

図37-1　サイバー攻撃対策

怪しいメールやWebサイトに注意する

怪しいメールは極力開かない。
特に添付ファイルは開かないこと

公式のWebサイトか疑い、
怪しい場合はアクセスしない

図37-2　怪しいメールとWebサイト

ワンポイント アドバイス

標準インストールされたウイルス対策ソフト

近年はOSに標準でウイルス対策ソフトが内蔵されており、怪しいファイルを見つけたら警告してくれます。パソコンにあらかじめウイルス対策ソフトがインストールされている場合は、ぜひ活用しましょう。

アプリのインストールを検出する
と、ユーザーに許可を求める

セキュリティ対策ソフトが
OSに内蔵されている

LESSON
38 悪意を持った攻撃①

ここがポイント！

❶ マルウェアとは「悪意のあるプログラム」のこと
❷ 新しい攻撃手法にも要注意

❶ マルウェアとは「悪意のあるプログラム」のこと

「マルウェア」という言葉を知っていますか。マルウェアは聞き慣れなくても、「コンピュータウイルス」なら聞いたことがあるかもしれません。**コンピュータウイルスやワーム、トロイの木馬、スパイウェア**など、情報を盗んだりデータを破壊したりするプログラムにはさまざまな種類があります。これらの**悪意あるプログラムを総称して「マルウェア（Malicious Software：悪意あるソフトウェアの略）」と呼びます。**

マルウェアの手法はさまざまありますが、主な目的は**「パソコンを使えない状態にする」「情報を盗み出す」「他のシステムを攻撃するための踏み台にする（P.93）」**のいずれかです。これによって攻撃者は、クレジットカード番号やアカウント情報などを不正に入手して金銭を得るか、対立する組織にダメージを与えるなど、何らかの利益を得ていると考えられています。

❷ 新しい攻撃手法にも要注意

近年被害報告が増えている新しいマルウェアの1つがランサムウェアです。ランサムは身代金という意味があり、ランサムウェアに感染すると、**ストレージ内の重要なファイルが暗号化され、ユーザーがそれらのファイルにアクセスできなくなります。**例えば、ワープロや表計算ソフトなどの文書ファイルを開けなくすることで業務を妨害します。同時に画面には「データを復旧してほしければ、身代金を払え」といったメッセージが表示されます。これが「ランサム（身代金）」と呼ばれる由来です。

マルウェアとは?

マルウェア=悪意のあるプログラムの総称

コンピュータ
ウイルス

ワーム

トロイの木馬

スパイウェア

感染させる目的は?
・ パソコンを使えない状態にする ・ 情報を盗み出す ・ 他のシステムを攻撃するための踏み台にする

さらにその先の目的は?
・ 盗んだクレジットカード番号などで金銭を得る ・ ライバル企業などに損害を与える ・ 単に人を困らせたい

図38-1　マルウェアとは

図38-2　主なマルウェアの種類

種類	説明
コンピュータウイルス	ファイルに感染して広がり、被害を与える
ワーム	ネットワーク経由で増殖する。ファイルに感染しない点がウイルスとの違い
トロイの木馬	一般的なソフトウェアのふりをして侵入する
スパイウェア	情報を盗み出して送信する
ランサムウェア	ファイルを暗号化して身代金を要求する

ランサムウェア

ファイルにアクセス
できない……

重要なファイルは暗号化されています。ファイルを回復するには、支払いが必要です。〇〇ドル分の仮想通貨を指定アドレスに送ってください。

送金

図38-3　ランサムウェア

悪意を持った攻撃②

ここがポイント！

1 マルウェアの侵入経路は無数にある

2 マルウェアに感染したときはパソコンをネットワークから切り離す

1 マルウェアの侵入経路は無数にある

　マルウェアの侵入経路は、**コンピュータが外部とデータをやり取りする場面すべて**です。例えば、「改ざんされたWebページの閲覧」「電子メールのリンクをクリックしたとき」「ファイルサーバ内のファイルを開いたとき」「USBメモリを挿入したとき」などさまざまなパターンが考えられます。

　マルウェアはプログラムであり、実行されなければ何もできません。しかし、USB機器やWebブラウザには、**プログラムを自動実行する機能（オートラン）があるため、ユーザーが知らないうちに実行される可能性**があります。最近のOSではセキュリティ対策が強化され、怪しいプログラムの実行をブロックするようになっていますが、引き続き危険性は意識しておくべきです。怪しいWebサイトからダウンロードしたファイルや、身に覚えがない電子メールをむやみに開くのは避けましょう。特に添付ファイルを開くのは危険です。

2 マルウェアに感染したときはパソコンをネットワークから切り離す

　ウイルス対策ソフトウェアを導入することで、マルウェアやコンピュータウイルスを検知することはできますが、どんなに対策を行っていても、マルウェアに感染してしまう場合があります。

　もし**会社のコンピュータがマルウェアに感染してしまった可能性がある場合は、すぐにLANケーブルを抜いて（もしくはWi-Fiをオフにする）コンピュータをネットワークから切り離しましょう**。コンピュータをネットワークから切り離すことで、感染の拡大を防ぐことができます。その後、上司やセキュリティ部門に速やかに報告し、マルウェアの駆除など必要な対策を行いましょう。

マルウェアはどこから入り込む？

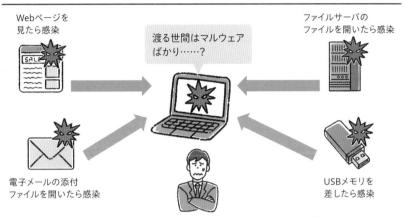

Webページを
見たら感染

渡る世間はマルウェア
ばかり……？

ファイルサーバの
ファイルを開いたら感染

電子メールの添付
ファイルを開いたら感染

USBメモリを
差したら感染

図39-1　マルウェアの侵入経路

マルウェアに感染してしまったときは？

❶マルウェアに
感染してしまった

❷ネットワークから
切り離す

❸上司やセキュリティ
部門に報告

図39-2　マルウェアに感染してしまったとき

ワンポイント アドバイス

水飲み場攻撃

Webサイトを利用した攻撃手法に「水飲み場攻撃」というものがあります。攻撃者は特定の企業・組織がよくアクセスするWebサイトを調べ、そこにマルウェアを仕込み、閲覧しただけで感染するようにします。「水飲み場攻撃」という名前は、動物や家畜が集まる水飲み場に由来しています。そこに毒を流せば、獲物をまとめて仕留められるという仕掛けです。

LESSON 40　企業やサービスなどに対する攻撃

ここがポイント！

❶ 企業やサービスを狙ったサイバー攻撃

❷ サイバー攻撃によるさまざまな影響

❶ 企業やサービスを狙ったサイバー攻撃

　企業やサービス、政府や公的な機関などを狙ったサイバー攻撃には、組織のWebサイトを不正に改ざんしたり、Webサイトにコンピュータウイルスを仕掛けて感染させたりする手法があります。また、**DoS攻撃**（Denial of Service attack：サービス拒否攻撃）や**DDoS攻撃**（Distributed Denial of Service attack：分散型サービス拒否攻撃）**といった手法もあります。これらは、大量のアクセスを行い、サーバの機能を著しく低下させることで、サービスの提供を妨害する攻撃です。**特にDDoS攻撃は、攻撃者がボットと呼ばれるウイルスを無関係なコンピュータに感染させることで乗っ取り、一斉にサーバに攻撃を仕掛ける手法で、**複数のコンピュータを連携して行うため、アクセスが膨大になります。**

❷ サイバー攻撃によるさまざまな影響

　企業や組織がサイバー攻撃を受けると、その影響は企業や組織だけに留まらず、社会まで大きな影響を受ける可能性があります。例えば、インターネット上のサービスがサイバー攻撃を受けた場合、**サービスの停止により収益が減少するだけでなく、信用が低下してユーザーが減少する可能性もあります。さらに、取引先との取引が打ち切られるなど、**悪影響が広がるでしょう。また、交通や水道・ガス供給、発電所などのインフラシステムへの攻撃は、事故や供給停止などにつながり、**私たちの暮らしにも直接的な影響を与える可能性**があります。

　こうした攻撃から身を守り、知らぬ間に攻撃の一端を担わないようにするためには、OSやウイルス対策ソフトを最新の状態に保ち、怪しいサイトを開かないようにするなどのウイルス感染を防ぐ基本的な情報セキュリティ対策が重要です。

企業や組織、サービスなどに対するサイバー攻撃

攻撃者

企業・サービスなどのWebサイト

攻撃

このページは我々がいただいた！

閲覧しただけで感染するウイルス
Webサイトに仕掛けられたウイルスに知らぬ間に感染する

改ざん
公的機関のWebサイトが攻撃者の主義・主張を掲載したページに書き換えられてしまうことも

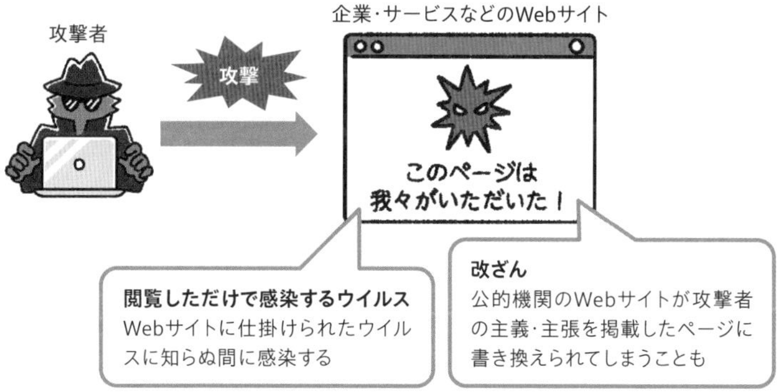

図40-1　企業や組織、サービスなどに対するサイバー攻撃

DoS攻撃
大量のアクセスによりサーバの動きを低下させたりダウンさせたりして、サービスを停止させる

大量のアクセス

アクセスできない

攻撃者

企業・サービスなどの
Webサイト

ユーザー

図40-2　DoS攻撃

DDoS攻撃
複数のコンピュータから、膨大なアクセスを行う。攻撃のために乗っ取られたコンピュータを踏み台という

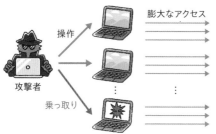

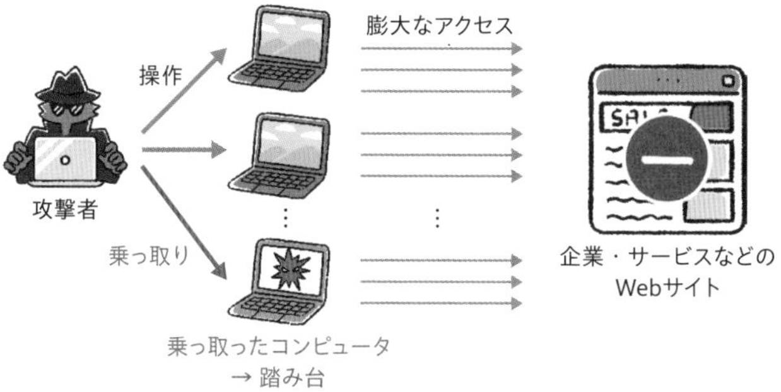

膨大なアクセス

操作

攻撃者

乗っ取り

乗っ取ったコンピュータ
→ 踏み台

企業・サービスなどの
Webサイト

図40-3　DDoS攻撃

特定のターゲットをねらった攻撃

ここがポイント！

❶ 機密情報を狙う標的型攻撃

❷ 情報通信技術を使用しない攻撃の手口

❶ 機密情報を狙う標的型攻撃

　企業の機密情報などを窃取することを目的として、**特定の個人や企業を狙った攻撃を標的型攻撃といいます**。攻撃者は機密情報を扱う社員などを特定して、業務に関連する内容を装ったウイルス付きメールやフィッシングメールを送信し、情報を盗み出します。この手法の中には、**取引先を装って無害なやり取りを行い、相手を信頼させたあとにウイルスなどを送るやり取り型メール攻撃**もあります。やり取り型メール攻撃は、相手の心理的な隙をついた非常に悪質な手口です。業務に関連がありそうなメールであっても、むやみに添付ファイルを開封したり、URLをクリックしたりしないようにすることが重要です。

❷ 情報通信技術を使用しない攻撃の手口

　機密情報を盗み出すための手段は、必ずしも情報通信技術を使用するものとは限りません。その代表的な例として、**ソーシャルエンジニアリング**という手法があります。例えば、システムの管理者を装って利用者に電話をかけ、「アカウントがロックされているので、解除するためにIDとパスワードが必要である」と偽り、それらの情報を聞き出そうとします。対策として、「どのような相手にも**パスワードなどの重要情報を教えない**」という基本を徹底しましょう。

　また、企業の廃棄物などをあさり、社内ネットワークの設定や構成、社員の情報などを取得する**トラッシング**という手法もあります。機密情報が漏れなくても、これが**標的型攻撃の事前情報**になる可能性があります。書類はシュレッダーにかけ、記録媒体は破壊してから捨てるといった対策が必要です。

標的型攻撃による被害を防ぐには

開かない！

社員　　　　　　　　・ 添付ファイルがある　　　　　攻撃者
　　　　　　　　　　・ 不審なURLが記載されている

その他の対策

- 不審な点がないか検証する
  （これまでのやり取りの流れに不自然な点はないか、突飛な内容ではないか など）
- 【重要】【緊急】などと記載されていても、反射的に反応しないで周囲に相談する
- 偽装されたドメインのメールアドレスをフィルタリングする
- ウイルス対策ソフトを最新に保つ

図41-1　標的型攻撃による被害を防ぐ

標的型攻撃の手口と対策

ウイルスを使用した攻撃

ウイルス付きメール　　　フィルタリング　　　ウイルス対策ソフト

- メールのフィルタリング機能を使用する
- ウイルス対策ソフトを導入する

送信元のメールアドレスを偽装した攻撃

正規のメールアドレスになりすます

偽のサーバ

- 送信ドメイン認証技術を使用し、正規のサーバから送られたメールかどうかを検証する

ソフトウェアの脆弱性を突いた攻撃

- 脆弱性情報を定期的に確認する
- 修正プログラムが出るまで使用を停止する

図41-2　標的型攻撃の手口と対策

パスワードに関連する攻撃①

ここがポイント！

① 本物になりすまして情報をだまし取るフィッシング詐欺

② キーロガーによる入力情報の窃取

① 本物になりすまして情報をだまし取るフィッシング詐欺

　銀行や企業、公的機関などを装って作成したWebサイト（フィッシングサイト）を通じ、IDやパスワードといったログイン情報、銀行口座、クレジットカード情報などの重要な情報を入力させ盗み出す犯罪のことを**フィッシング詐欺**といいます。また、そうした正規の組織を装って偽のページに誘導するためのメールを**フィッシングメール**といいます。

　フィッシングサイトは精巧に作られていて、正規のサイトとすぐには見分けがつかないことがあります。**知らない送り先からのメールに記載されたURLはクリックしない、自らアクセスしてたどり着いた正規のページ以外は利用しない**などの対策が必要です。もしも重要な情報を入力してしまった場合は、すぐにパスワードの変更やクレジットカードの停止などの措置を講じましょう。

② キーロガーによる入力情報の窃取

　キーロガーとは、キーボードによる入力を記録するソフトウェアのことです。本来は犯罪目的で作られたものではありませんが、キーボードの入力情報を取得できる性質から、**インターネットバンキングやSNSなどのログイン情報、クレジットカード番号などの個人情報を盗み出す**犯罪に悪用されることがあります。

　キーロガーは、ウイルスとして感染してコンピュータに常駐する、フリーソフトとして偽装し、ユーザにダウンロードさせるなど、さまざまな手法でコンピュータに侵入します。また、スマホのキーボードの着せ替えアプリに組み込まれ、入力内容が知らぬ間に窃取される危険性も指摘されています。

フィッシングメールの見分け方

お取引規制のお知らせ【〇〇銀行】

田中　様

平素より〇〇銀行をご利用いただきまして、誠にありがとうございます。
お客様のお取引を規制さ〜て頂きますので、〜を見入りします。規制内容につきましては、下記の当行Webサイトよりご確認ください。

規制内容のご確認

> **リンクは気軽にクリックしない！**
> 気になる場合は、ブラウザから公式のWebサイトを
> 検索して、指定の機関に問い合わせをする

規制開始日時：2024年2〜

また、お客様が上記のWebサイトで、指定の手続きを完了されるまでは、お取引の規制は続行されますので、ご了承ください。

〇〇銀行　金融コード：0000
カスタマーセンター：https://marumaru-ginkou.co.jp

●その他の注意点

・送信元を確認する

送信元：〇〇銀行(dfhxstujs@B0lbank.co.jp)

正規のアドレスに似通った文字列のアドレスで偽装することがある。
Oと0（オーとゼロ）、Iとl（アイと小文字のエル）など、見分けがつきにくい文字にかえている。

・急かすような文言を使っていないか

件名：【至急】登録情報について

・不自然な日本語ではないか

お客様にご登録情報の更新です！
クリックして、今すぐ更新ください

図42-1　フィッシングメールの見分け方

ワンポイント アドバイス

フィッシングメールやフィッシングサイトを開いてしまったら

フィッシングメールであることに気がつかずに、記載されたURLを開いてしまっても、直ちに被害にあうわけではありません。もし開いてしまっても、Webサイト（フィッシングサイト）で情報を入力して、送信しなければ問題ないことがほとんどです。ただし、メールに添付ファイルがついている場合や、開いただけでウイルスに感染してしまうWebサイトの場合は注意が必要です。メールは削除し、Webブラウザを閉じましょう。そして念のために、ウイルス対策ソフトでコンピュータをスキャンし、感染していないか調べましょう。

パスワードに関連する攻撃②

ここがポイント！

❶ パスワードはなるべく複雑にしよう

❷ 同じパスワードを使い回さないようにしよう

❶ パスワードはなるべく複雑にしよう

　サイバー攻撃の攻撃者は、パスワードを入手する手間を省き、力技で突破しようと攻撃する場合もあります。よく使用する単語などを辞書のようにリスト化しておき、それらがパスワードとして使用されているかどうかを、実際のログイン画面を通じて試す手法を**辞書攻撃**といいます。**推測されやすい単語や数値（"password"や"123456"）、名前や誕生日など**、本人に結びつく情報をパスワードに使用していると、突破の成功確率が上がります。

　また、これと似たような方法として、パスワードに使用できる文字をパスワードの各文字に対して順にかえてさまざまな文字列を作り出し、ログインに成功するまでログインを試みる**総当り攻撃（ブルートフォース攻撃）**というものもあります。この攻撃は、使用する文字や記号の種類が多いほど、またパスワードが長いほど突破に時間がかかり、成功の確率が減少します。同じような文字列の繰り返しは突破されやすくなるため、控えるようにしましょう。ランダムに**文字や記号を組み合わせ、できるだけ長いパスワードを使用する**ことが重要です。

❷ 同じパスワードを使い回さないようにしよう

　攻撃者は辞書攻撃や総当たり攻撃などで入手したIDとパスワードをリスト化し、他のサイトでも同じ組み合わせでログインできるかを試します。これは**パスワードリスト攻撃**という手法で、**同じIDとパスワードを使い回す人が多いことに目をつけた攻撃の手口**です。この攻撃の被害にあわないためには、**サービスやWebサイトごとに異なるパスワードを設定する**ことが有効です。

辞書攻撃や総当たり攻撃への対策

図43-1　辞書攻撃や総当たり攻撃のイメージ

運営組織が行っている対策
- 特定のIPアドレスから行われたログインの試行をブロックする
- ログインの試行回数に制限を設け、それ以上の試行は一定時間できないようにする
  （例：3回連続で失敗したら翌日までロックする）

ユーザーが行える対策
- サービスごとにパスワードを使い分ける
- 使用する文字の種類（英字、数字、記号など）を多くし、なるべくパスワードが複雑になるようにする
  （例：OR&4XhowY、2c?3uuf1P%N7）
- 2要素認証を使用し、自分以外からのアクセスができないようにする
  （例：ワンタイムパスワードやパスキーの利用）

図43-2　辞書攻撃や総当たり攻撃への対策

ワンポイント アドバイス

パスワードをどのように管理するか？

普段さまざまなサービスを利用していると、IDとパスワードの数が多くなりがちです。これらを適切に管理しないと、ログインできなくなったり、情報が流出してしまったりする原因となります。パスワード管理の最も古典的な方法の1つは、紙に書き留めることです。この方法はインターネットを通じて流出してしまう危険性は低いですが、紙を紛失する可能性や他の人に見られるリスクもあります。その他の方法として、パスワード管理ツールがあります。一部のツールでは、必要なWebサイトなどで自動入力できるようになるものもあります。ただし、流出の危険性はあるため、自分の利用状況にあった管理方法を選ぶことが重要です。

個人で行うセキュリティ対策①

ここがポイント！

❶ パスワードを使い捨てるワンタイムパスワード

❷ 盗用が難しく管理が不要な生体認証

❶ パスワードを使い捨てるワンタイムパスワード

　従来のパスワードシステムでは、「総当たり攻撃」や「パスワードリスト」などの攻撃を受け、不正アクセスをされる可能性があります。そのため、セキュリティを強化した「**ワンタイムパスワード**」や「**生体認証**」の利用が広まっています。

　ワンタイムパスワードとは、**一度しか利用できない「使い捨てのパスワード」**で、発行されてから使用できる時間が決まっています。使用時間がすぎたパスワードは再利用できません。一般的には、利用者IDとパスワードで認証したあと、事前に登録したスマホのアプリやSMSなどにワンタイムパスワードが送信されます。

　異なる2種類の認証方式を併用することを2要素認証といい、より安全性の高いセキュリティを保てます。そのため、インターネットバンキングのような高いセキュリティが求められるサービスに利用されています。

❷ 盗用が難しく管理が不要な生体認証

　生体認証は、**顔や指紋、筆跡、声など、人間の身体的特徴や行動的特徴を利用**して本人を特定する認証方法のことです。スマホのロック解除などで一般的になっており、皆さんにとって身近な認証方式となっているでしょう。生体認証は、第三者による「なりすまし」のリスクが低く、通常のパスワード漏えいの心配もないため、セキュリティに優れている認証方式の1つといえます。

　大切な情報を守るためにも、ワンタイムパスワードや生体認証が導入されているサービスを利用するときは、積極的にこれらの認証方法を活用しましょう。

一般的なワンタイムパスワードの利用方法

①事前に設定した
　パスワードを入力

②ワンタイムパスワード
　がSMSに通知される

③②のワンタイムパスワードを
　入力すると認証完了

★★銀行のワンタイムパスワードは
「68504」です

認証成功！

図44-1　ワンタイムパスワード

2要素認証とは

知識要素
本人のみが知っていること
・パスワード
・暗証番号

所有要素
本人のみが持っているもの
・スマホ
・キャッシュ
　カード

生体要素
本人の生体的・身体的特徴
・指紋
・声
・筆跡

異なる2種類以上の要素を組み合わせて利用する

図44-2　2要素認証

ワンポイント アドバイス

「パスキー」ってなに？

パスキーは、利用者の端末に登録している生体認証を、Webサービスなどの認証に活用する方法を指します。この仕組みは複雑なため詳細な説明は省略しますが、パスキーで使用する生体認証の情報は端末に保管されているため安全であり、安心して利用できます。

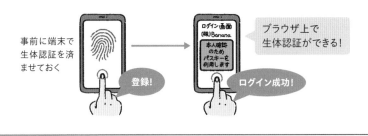

事前に端末で
生体認証を済
ませておく

登録！

ログイン画面
(株)Banana

本人確認
のため
パスキーを
利用します

ログイン成功！

ブラウザ上で
生体認証ができる！

PART **4**
情報セキュリティ対策

個人で行うセキュリティ対策②

ここがポイント！

① 不審なメールのURLや添付ファイルは開く前によく確認を

② URLの共有は信頼できるものかを確認してからにしよう

① 不審なメールの添付ファイルやURLは開く前によく確認を

　フィッシング詐欺とあわせて注意したいのが**ワンクリック詐欺**です。例えば、メールやSMSなどに記載されたURLをクリックするだけで、「会員に登録した」「商品を購入した」と表示され、**多額の金額を請求する詐欺**などです。金銭を要求するWebサイトが表示されても、無視してください。身に覚えのない内容のメールが届いた場合は、**メール内のURLをクリックするのは控えましょう**。

　また、**添付ファイルの名前をよく確認せずに開くこともとても危険**です。拡張子が、「exe」「js」「doc」「scr」のような場合、マルウェア感染を目的とするファイルの可能性も考えられるので、十分に注意しましょう。

② URLの共有は信頼できるものかを確認してからにしよう

　WebサイトやSNSの情報を共有・引用するときには、信頼性を確認することが重要です。なかには開いただけでマルウェアに感染するものや、情報の信ぴょう性が低いものなどもあります。例えば、会社のチャットツールで、自分が見つけたWebサイトなどを紹介する際には、内容をよく確認し、信頼性を確保してから共有することが重要です。インターネット上の情報は、**複数のサイトで内容を比較（クロスチェック）したり、Webサイトの発信者について調査したりする**ことが必要です。

　また、SNSでは、虚偽の情報で作られたフェイクニュースが発信・拡散されやすい傾向があります。会社でSNS運営を任された場合、不審な点がある投稿は広げない（拡散しない）ようにしましょう。

パッと見てわかる！ 図解まとめ

不審なメールに気をつけよう

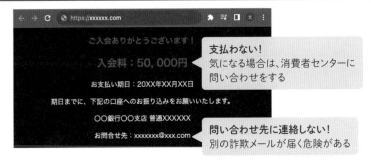

支払わない！
気になる場合は、消費者センターに
問い合わせをする

問い合わせ先に連絡しない！
別の詐欺メールが届く危険がある

図45-1 事例① ワンクリック詐欺

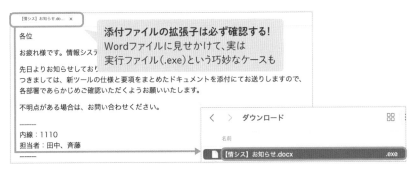

添付ファイルの拡張子は必ず確認する！
Wordファイルに見せかけて、実は
実行ファイル(.exe)という巧妙なケースも

図45-2 事例② 怪しいメール内の添付ファイルに注意

正しい情報かを確認してから共有しよう

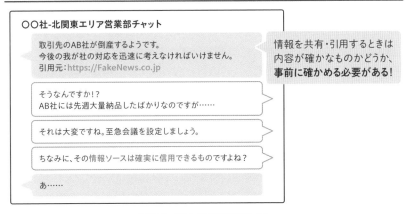

情報を共有・引用するときは
内容が確かなものかどうか、
事前に確かめる必要がある！

図45-3 正しい情報かを確認しよう

LESSON
46

リモートワークに関連するセキュリティ

ここがポイント！

❶ テレワークでは一人ひとりのセキュリティへの意識が必須

❷ オフィス外での作業は機密情報が「筒抜け」の可能性がある

❶ テレワークでは一人ひとりのセキュリティへの意識が必須

　近年、テレワークを実施する企業が増えています。社外での作業に際しては、セキュリティ上の問題に対処する必要があるのできちんと理解しておきましょう。

　まず、社外のインターネットを利用する場合には、**仕事用の端末をフリーWi-Fiに接続することは控えましょう**。公共のフリー Wi-Fiは一見安全に見えますが、提供元が不明な「野良Wi-Fi」である可能性があります。野良Wi-Fiの中には、悪意のある人物が「接続してきた端末から情報を盗む目的」で設置しているものがあり、情報が盗まれたりウイルスに感染したりする危険性があります。このような危険なWi-Fiもあるため、**公共の場では、端末のWi-Fiへの自動アクセスをオフにしておくと安全**です。

❷ オフィス外での作業は機密情報「筒抜け」の可能性がある

　テレワークを含む柔軟な働き方は便利ですが、個人の「業務の仕方」にも注意すべきことがあります。公共の場で機密情報が表示された画面を堂々と広げたり、大声で音声通話をしたりすることは避けるべきです。悪意のある人が情報を盗み見たり、耳をそばだてていたりする可能性があるからです。同様に、資料やUSBメモリなどを置き去りにしないように心がけましょう。たとえそれが単なる「忘れ物」であっても、機密情報が含まれている場合、深刻な被害が発生する可能性があります。

　テレワークは柔軟な働き方を実現しますが、それに伴うセキュリティリスクには常に注意が必要です。不審なメールやリンク、異常なシステムの挙動を感じた場合には、すぐにシステム担当者に相談するようにしましょう。

フリーWi-Fiになりすました悪意のある野良Wi-Fi

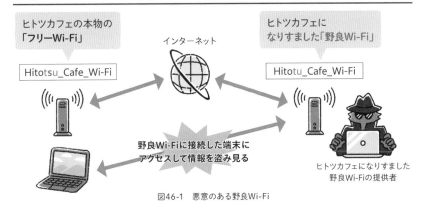

ヒトツカフェの本物の「フリーWi-Fi」

Hitotsu_Cafe_Wi-Fi

インターネット

ヒトツカフェになりすました「野良Wi-Fi」

Hitotu_Cafe_Wi-Fi

野良Wi-Fiに接続した端末にアクセスして情報を盗み見る

ヒトツカフェになりすました野良Wi-Fiの提供者

図46-1　悪意のある野良Wi-Fi

公共の場で仕事をするときの危険な行動

データの紛失

大声でのWeb会議

機密情報が見える状態で作業

○○様
東京都○○区
□△大学卒
○○メーカー係長

資料を置いたまま離席

図46-2　公共の場で仕事をするときの危険な行動

ワンポイント アドバイス

USBメモリの紛失は他人事じゃない？

USBメモリの紛失事故はあとを絶ちません。USBメモリは小さくて便利な一方で、なくしやすいデバイスです。紛失を防ぐためには、「紛失しないよう意識する」ことが重要ですが、もしもの場合に備えて、被害を最小限におさえるために、自社内で対策を講じることも考えてみましょう。たとえば、パスワードロック機能を備えたUSBメモリを利用するなどの対策が有効です。

会社全体で行う対策

ここがポイント！

❶ VPNでデータ通信の安全性を高める

❷ DLPで情報漏えいを防ぐ

❶ VPNでデータ通信の安全性を高める

　近年、多くの企業ではデータ通信の安全性向上のためにVPN（Virtual Private Network：仮想プライベートネットワーク）の利用を推奨しています。**VPNは、安全な通信を行うための技術**です。インターネット上に「仮想的な専用回路」を作り、その中を通るデータを暗号化して通信します。

　リモートワークの推進により、社外から社内のネットワークにアクセスする機会が増えています。社外から社内のコンピュータにアクセスして業務を行う際、通信内容が悪意のある第三者に盗み見られる危険性があります。通信内容が暗号化されていない場合、情報漏えい、データ改ざん、なりすましの脅威が考えられます。**VPNを活用すれば、第三者の盗聴を防ぎ、安全にデータ通信を行うことができるのです。**

❷ DLPで情報漏えいを防ぐ

　DLP（Data Loss Prevention：情報漏えい対策）とは、企業の機密情報などの重要データが紛失したり外部に漏れたりすることを防ぐための対策のことです。また、DLPを行うシステム自体をDLPと呼ぶ場合もあります。

　DLPでは、通信されているデータの中から、重要な情報を識別し、そのデータ通信を常時監視します。重要と判断された資料において情報漏えいの危険性を検知した場合、システム管理者に通知し、同時にその操作を自動で停止させます。これにより、**不正アクセスによる情報漏えいだけではなく、内部不正や操作ミスによる情報漏えいなどの問題を未然に防ぐことができます。**

VPNの仕組み

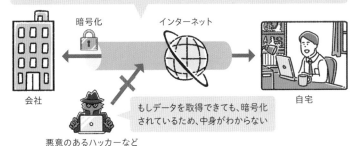

インターネット上に仮想的な専用回路を作る
ことで外部からの不正なアクセスを防げる！

暗号化　　　インターネット

会社　　　　　　　　　　　　　　　　　　　自宅

もしデータを取得できても、暗号化
されているため、中身がわからない

悪意のあるハッカーなど

図47-1　VPNの仕組み

DLPの仕組み

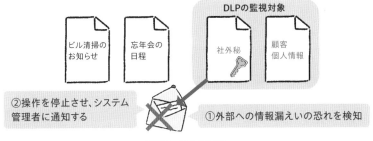

DLPの監視対象

ビル清掃の
お知らせ

忘年会の
日程

社外秘

顧客
個人情報

②操作を停止させ、システム
管理者に通知する

①外部への情報漏えいの恐れを検知

図47-2　DLPの仕組み

ワンポイント アドバイス

企業の端末管理が緩いとシャドー ITが増える？

シャドー ITとは、会社側が把握していない、従業員が利用しているIT機器やシ
ステムおよびそれらを使用している状態のことを指します。従業員が企業の管理
外でこれらを使用しているため、安全であるかどうかの保証がありません。その
ため、悪意がなくてもセキュリティリスクのあるアプリやサービスを使用するこ
とにより、情報漏えいなどの大きな被害が生まれる可能性があります。これらの
対策としては、従業員の使用する端末にアプリのインストール制限を設けたり、
アクセス権の厳格な管理を行ったりするなど、端末管理の強化が効果的です。

Column | ゼロトラスト

　ゼロトラストは、「信頼（trust：トラスト）しない」を前提に、あらゆるアクセスを検証するセキュリティの考え方です。従来は、「社内は信頼できる」「社外は信頼できない」という考え方で、その境界線で重点的に対策を行っていました。しかし、最近ではリモートワークの増加やクラウドサービスの利用などにより、「社内」と「社外」の境界が曖昧になっています。そのため、ゼロトラストという考え方で、許可されたユーザーのアクセスか、不審な行動をしていないかなどを常に検証し、大切な情報を守る取り組みが進められています。認証など手間に思うことがあるかもしれませんが、情報を守るために必要な手段であることを理解しましょう。

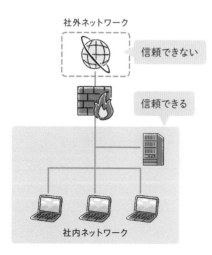

従来（境界型防御）

社外ネットワーク
信頼できない
信頼できる
社内ネットワーク

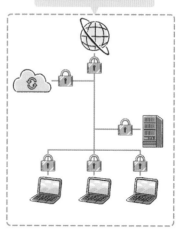

ゼロトラスト

社内外問わず信頼しない

ゼロトラストの具体的な施策例

・アクセス制限：必要最低限のユーザーのみにアクセスを許可する
・検証と認証：正規のアクセス元か検証し、認証を求める
・モニタリング：行動履歴を監視し、異常な行動を検知する
・データの保護：データを暗号化し、漏えいや改ざんを防ぐ

x

108

5章

ITの活用事例とトピック

ITを活用することで何ができるか

ここがポイント！

❶ ITの活用でDXへつなげる

❷ DXを推進する仕組みやツールを知ろう

❶ ITの活用でDXへつなげる

　日本は2008年をピークに人口が減少しており、企業では人材不足が叫ばれています。そこで期待されているのがITの活用やDXです。業務をデジタル化することで、人材不足の解消、生産性の向上、そして新しいビジネスの創出が可能になると期待され、これに向けた活動が進められています。

　DXを実現するには、会社全体で統一した取り組みが必要です。また一足飛びに実現するのは難しいため、**3ステップで進めていきます。ステップ1は「データのデジタル化（デジタイゼーション）」**です。「これまで手書きだった発注書などの書類をパソコンで作る」など、P.8で例として挙げたように、アナログ情報をデジタル化します。**ステップ2は「業務の流れのデジタル化（デジタライゼーション）」**です。データをデジタル化することで、RPAツールによる発注作業の自動化、AIやIoTの活用による工場の生産ラインの完全自動化などが実現できるようになります。**これらを経て、業務効率化やコスト削減を実現し、新しいビジネスの創出や業務プロセスの再構築などのDXが期待できます。**DXの実現には社員の協力が必須なため、DXの重要性を理解し、積極的に取り組んでいきましょう。

❷ DXを推進する仕組みやツールを知ろう

　ここまでのレッスンでは、仕事をするうえで必要不可欠なITとパソコンの基礎知識や活用方法について説明してきました。以降のレッスンでは、DXの推進に役立つ仕組みやツール（アプリ）について説明していきます。また、個人の作業を手助けするITについても紹介するので、皆さんの業務環境に合わせてぜひ取り入れてみてください。

DXへの道

ステップ1 デジタイゼーション （Digitization）	**アナログデータのデジタル化** ・紙の発注伝票→ExcelやWordなどのデータ ・紙の書籍→電子書籍 ・CD→MP3などの音楽データ

ステップ2 デジタライゼーション （Digitalization）	**業務の流れをデジタル化** ・RPAツールによる発注作業の自動化 ・AIやIoTによる製造ラインの自動化 ・ECサイトによる電子書籍の販売

ステップ3 デジタルトランス フォーメーション （Digital Transformation）	**新しいビジネスの創出や業務プロセスの再構築** ・企画検討など非定型業務の時間を増やす ・設計から製造の流れを管理するシステムの導入 ・データ利活用で顧客へ適切な商品をアピール

図48-1　DXへの道

DXを推進する仕組みやツール

業務支援ツール

AI（人工知能）

IoT

クラウド

RPAツール
（自動化ツール）

プログラミング

図48-2　DXを推進する仕組みやツール

DXを推進するERPとCRM

ここがポイント！

❶ 企業が持つ情報を一元管理する

❷ ERPやCRMの活用がビジネスの改善につながる

❶ 企業が持つ情報を一元管理する

多くの企業が会計や生産、顧客情報などの管理に業務システムを導入しています。業務システムとは、特定の業務や目的のために使用するシステムのことです。個々の業務システムでデータを管理していると、全体の状況が見えづらく、データによっては二重管理が発生します。そこで近年は、**業務システムを改善し、企業が持つ情報を一元管理する動き**が進んでいます。

❷ ERPやCRMの活用がビジネスの改善につながる

①ERP（Enterprise Resource Planning）

ERPは、会計や生産、人事など主にバックオフィスの情報を一元管理しサポートするシステムです。企業資源（ヒト・カネ・モノ・情報）の状態が可視化できるため、情報共有と業務の連携を強化できます。それにより**スムーズな意思決定を手助け**し、結果として**市場の動向や顧客の需要に対し、柔軟かつ迅速な対応が可能**になります。

②CRM（Customer Relationship Management）

CRMは、顧客の基本情報や取引情報、コミュニケーション履歴など主にフロントオフィスの情報を一元管理しサポートするシステムです。蓄積した情報から、**顧客との良好な関係を築き、利益を最大化させること**が目的です。顧客情報を分析し、顧客のニーズに合わせて適切なタイミングで商品の提供が行えます。

ただし、企業規模が大きいほど情報量が多くなり、業務をシステムに合わせることが難しくなります。目的に応じて、どのようなERPやCRMを導入するかを検討する必要があります。

ERPとCRMの活用効果

企業　　　資源　　　計画
ERP=Enterprise Resource Planning

企業の資源を一元管理

会計管理

人事管理

予算管理

ERP

在庫管理

販売管理

生産管理

| 社内連携の強化 | 情報の可視化 | 業務の効率化アップ |

迅速な意思決定が可能になり、柔軟な経営の手助けとなる

図49-1　ERP

顧客　　　　関係　　　　　管理
CRM= Customer Relationship Management

顧客に関連する情報を管理

顧客の
基本情報

商談履歴

CRM

購買履歴

サポート
対応履歴

顧客のニーズに合わせた対応をすることで、
良好な関係を築きつつ、利益向上が期待できる

図49-2　CRM

ワンポイント アドバイス

パッケージ型とフルスクラッチ型

業務システムの導入方法は、基本機能があるものを導入するパッケージ型と、ゼロから機能開発を行うフルスクラッチ型があります。パッケージ型は、コストが抑えられるものの、業務をシステムに合わせる必要があります。対して、フルスクラッチ型はゼロから開発するのでコストはかかりますが、業務に合わせたシステムを導入できます。

デジタルマーケティングで
顧客のハートをつかもう

ここがポイント！

❶ 顧客のニーズに合わせたマーケティングは必須

❷ MA×SEOでデジタルマーケティングの効果を最大化

❶ 顧客のニーズに合わせたマーケティングは必須

　マーケティング（P.21）もデジタル化が進んでいます。現代ではスマホを通じてSNSなどで情報を手軽に入手でき、さまざまな商品やサービスに触れることができます。そのため、商品の提供や広告展開をする際には、顧客のニーズを把握することが不可欠です。**デジタル技術を活用したデジタルマーケティング**では、情報を収集し分析したり、多岐にわたる媒体で宣伝を行ったりします。デジタルマーケティングでは、**収集した情報をリアルタイムで分析できるため、広告の効果がすぐにわかり、ターゲットに合わせた活動が可能**です。

❷ MA×SEOでデジタルマーケティングの効果を最大化

　デジタルマーケティングにおいて役立つ仕組みのひとつがMA（Marketing Automation）です。**MAは、マーケティング活動を自動化し、見込み顧客を育成するためのシステム**です。例えば、ECサイトの訪問履歴を分析し、自動的に顧客に商品を勧めるメールを配信、メールが開封されたかの情報収集が行えます。従来は電話営業や訪問営業など個別の対応が必要でしたが、顧客が持つ興味に合わせたメールを自動的に送ることができます。

　デジタルマーケティングにおいて、MAと補完関係にあるのがSEO（Search Engine Optimization）です。SEOとは、検索エンジン最適化という意味で、検索エンジンの検索結果の上位に、自社のサイトが表示されるようにするための取り組みです。MAでは、どのような検索キーワードでWebサイトに辿り着いたかがわかるため、SEOの改善に役立ちます。逆に、SEOによりWebサイトへの訪問者が増えることで、MAによる商談件数の増加が見込まれます。

デジタルマーケティングとMAの活用

デジタルマーケティング=デジタル技術を活用した宣伝活動

アプリ　メール　Webサイト　SEO

SNS　動画　デジタルサイネージ　タクシー広告

得られた情報(反応)を蓄積し分析することで、
顧客のニーズに合わせたマーケティングを行う

図50-1　デジタルマーケティング

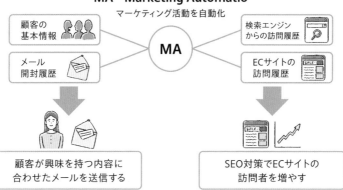

マーケティング　　　　自動化
MA= Marketing Automatio

マーケティング活動を自動化

顧客の
基本情報

メール
開封履歴

MA

検索エンジン
からの訪問履歴

ECサイトの
訪問履歴

顧客が興味を持つ内容に
合わせたメールを送信する

SEO対策でECサイトの
訪問者を増やす

図50-2　MA

ワンポイント アドバイス

CRMとMAの違い

MAは見込み客、つまりこれから顧客になる人を対象としており、MAにより顧客になった人がCRMでの対応範囲になります。またCRMにMAが含まれているものもあります。

Webサイトの管理はCMSにお任せ

ここがポイント！

❶ CMSでWebコンテンツを管理する

❷ CMSのシェアNo.1はWordPress

❶ CMSでWebサイトを管理する

　自社サイトやオウンドメディア（P.149）などの運営はデジタルマーケティングの重要な要素です。お知らせの更新や商品の追加など、コンテンツの追加作業は定期的に発生しますが、そのたびにWebサイトを管理する情報システム部門や運営委託会社に依頼をするのは手間がかかってしまいます。そのため、非エンジニアでもWebサイトのコンテンツ管理が手軽にできるCMS（Contents Management System）が広く使われています。

　CMSは、WebサイトやWebサービスの作成や管理をするためのシステムです。Wordのようにテキストと画像を入力するだけで、お知らせやブログ、商品ページなどを作成できます。CMSそのものの管理は情報システム部門に任せ、コンテンツの追加は各担当者が行うことで、円滑にWebサイトの運営が行えます。

❷ CMSのシェアNo.1はWordPress

　WordPressは無料で利用でき、世界でもっともシェアが高いCMSです。**豊富なテンプレートが用意されており、コーポレートサイトやECサイトなど、さまざまなWebサイトを作成できます。**またWebサイトをスマホやタブレットで見たとき、それぞれの画面サイズに最適化されるようになっています。

　さらに拡張性の高さもWordPressが人気な理由のひとつです。プラグインという機能を使うことで、問い合わせフォーム機能、SNS連携、決済機能などを簡単に追加できます。ページのアクセス履歴を分析することも可能で、どのWebページを経由して訪問してきたか、ページの滞在時間なども計測できるため、よりよいWebコンテンツ作成を支援してくれます。

Webサイトの更新フロー

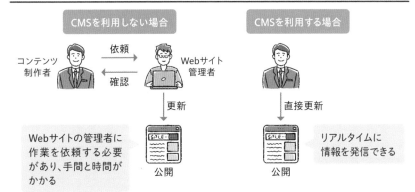

図51-1　Webサイトの更新フロー

WordPressの投稿画面

図51-2　WordPressの投稿画面

セキュリティ対策にはご注意を

CMSは利用者が多いため、サイバー攻撃の標的となりやすいです。CMSは定期的にアップデートされるので、最新のバージョンを保つようにしてください。また外部の機能と連携するプラグインなどの脆弱性が突かれやすいです。プラグインが増えるほどリスクが高まるため、必要なプラグインだけを使うようにしましょう。

PART 5 ── ITの活用事例とトピック

データの活用

ここがポイント！

❶ DWH×BIで会社全体の成果を可視化

❷ データマイニングで得た価値をビジネスに生かす

❶ DWH×BIで会社全体の成果を可視化

　ERPやCRMといった業務支援システムの運用は、データ入力が必須なため、自然とデジタルデータが蓄積されていきます。これらのデータもビッグデータの一種であり、分析することで会社全体の経営方針の検討に重宝します。この際に利用するものがデータウェアハウスとBI（Business Intelligence）ツールです。

　データウェアハウス（DWH）は、ERPやCRMなど社内で管理するデータを時系列ごとに整理して蓄積するものです。そして、BIツールはデータウェアハウスからデータを抽出し、分析した結果をレポートとして出力します。**会社全体の事業成果を可視化できるため、スピーディーな経営判断が可能**になります。

❷ データマイニングで得た価値をビジネスに生かす

　BIツールでのデータ分析には、**価値ある情報や知見を得るデータマイニング**という手法が使われています。「マイニング（mining）」は採掘という意味で、鉱山から宝石などを発掘するように、データの塊から価値ある情報を発掘するようなイメージです。

　小売業の場合、顧客の購買行動を理解し、売上の向上や顧客サービスの改善などにデータマイニングが活用されています。ECサイトで買い物をした際、おすすめ商品が表示されたことはないでしょうか？　これは蓄積された顧客情報や販売情報、カートに出し入れした商品情報などから、「ある商品の購入者は一緒に何を購入しているか」という情報を得ているからです。**データマイニングで顧客が購入した商品やカート情報を分析することで、より適切な商品を購入者にアピールすることができ、売上の向上が期待できます。**

DWHとBIツールでデータ活用

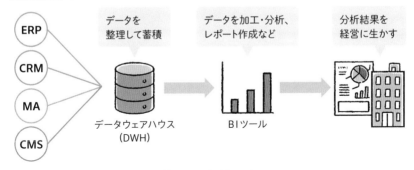

図52-1　DWHとBIツール

データマイニングで得た結果の活用方法

図52-2　データマイニング

┌─── **ワンポイント アドバイス** ───┐

データサイエンスとデータマイニング

データサイエンスとは、数学、統計学、機械学習、プログラミングなどを活用して、ビジネスの意思決定に役立つ知見を得るための取り組みです。データマイニングは、データサイエンスの一部のプロセスにあたります。なお、データサイエンスを行う人のことをデータサイエンティストといいます。

LESSON 53 身近なところで活用されているAI

ここがポイント！

❶ AIは人間と同じように知的な処理を行えるシステム
❷ AIに仕事をフォローしてもらおう

❶ AIは人間と同じように知的な処理を行えるシステム

　AI（Artificial Intelligence）は人工知能とも呼ばれるもので、**コンピュータに人間のような知能を持たせる技術**です。また、「人間と同じように知的な処理を行えるシステム」のこともAIと呼ばれます。

　AIの機能は大きく「識別」「予測」「実行」の3つです。例えば、ロボット掃除機は走行中に障害物を回避することができます。これは障害物を識別し、このまま進むと衝突することを予測し、そのうえで回避行動を実行しているのです。

❷ AIに仕事をフォローしてもらおう

　「識別」「予測」「実行」の3つの機能を組み合わせることで、まるでAIが自身で判断したかのようなシステムを作ることができます。近年ではスマホにAIを活用した機能が多く搭載されています。代表的なものとしては、ロックを解除するための顔認識、SiriやGoogleアシスタントなどの音声アシスタント機能があります。音声アシスタント機能は、話しかけるだけで操作ができるため、別の作業をしながらスマホを操作したいときに大変便利です。

　また、**業務ではAIを使った動画の文字起こしや翻訳機能が役立ちます**。例えば、録画したビデオ会議の内容を人の手でテキストに起こす場合、動画を見ながら書き起こす必要がありますが、ビデオ会議アプリによっては、リアルタイムで文字起こしをする機能があり、議事録作成の手間が大幅に省けます。

　将来的にはオフィスワークの大半をAIが担うと予想されているため、今のうちにAIへの理解を深め、使いこなせるようにしましょう。

AIで実現できること

識別：入力されたデータを識別する

- 音声識別
- 画像識別
- 動画識別
- 言語解析

予測：入力されたデータから
　　　　将来の結果を予測する

- 売上予測
- 在庫予測
- 経路予測

実行：識別や予測結果をもとに
　　　　処理を実行する

- 商品の自動発注
- 自動車の自動運転
- 音声の文字起こし

図53-1　AIの機能

顔認識

音声アシスタント

翻訳ツール

掃除ロボット

ルート検索

検品

図53-2　身近なAIの例

ワンポイント アドバイス

機械学習とディープラーニング

AIを作るために欠かせない技術が機械学習とディープラーニングです。機械学習は、あらかじめ学習した傾向をもとに、AI自らの判断で処理を行うための技術です。そして、ディープラーニングは機械学習の一種で、人間の脳に似せた仕組みを使って複雑な判断を実現する技術です。ChatGPTのような生成AIや自動運転には、ディープラーニングの技術が使われています。

ChatGPTってナニモノ？

ここがポイント！

1 対話形式で文章を作り出せるAI

2 生成された内容は正しいかを確認しよう

1 対話形式で文章を作り出せるAI

ChatGPTは、チャット形式で会話をしながら文章を生成できるAIサービスです。ChatGPTが大きく注目されている理由は、**質問に対して人間が回答しているかのような振る舞いをする**点にあります。これはChatGPTがインターネット上にある膨大な量のテキストデータ（ビッグデータ）を取り込み、学習することで、質問に対してどのような答えが好まれるかを予測しているからです。

これまでのAIは、あいまいな質問に対しては臨機応変な返答ができず、答えられない質問に対しては、「もう一度入力してください」など、機械的な反応を返していました。一方でChatGPTの場合は、あいまいな質問をしても「○○の質問ですね」と、人間のように返答します。さらに、「会社訪問のお礼メールを書いて」と指示してメールの下書きをしてもらったあと、その文章を修正する追加の指示を出して修正してもらうことも可能です。このような人間と話すような感覚でやり取りできる気軽さと使い勝手の良さが人気の理由です。

2 生成された内容は正しいかを確認しよう

今はまだChatGPTなどの生成AIが出力する文章が、必ずしも正しいとは限りません。誤った回答が返ってくるケースも少なくないことを知っておく必要があります。また、AIが作り出した文章や絵を自分の成果物として使うことがふさわしいかどうかは慎重に判断する必要があります。ルールとして生成AIの使用が禁じられている場面では当然、使うべきではないですし、使用が認められている場合でも、**AIが生成したものをそのまま使うのではなく、自身で内容の確認や修正を行うことが大切**です。

パッと見てわかる！ 図解まとめ

ChatGPTの特徴

人間と会話するような感覚で使える

対話形式　　質問を追加できる　　質問をしてくる

図54-1　ChatGPTの特長

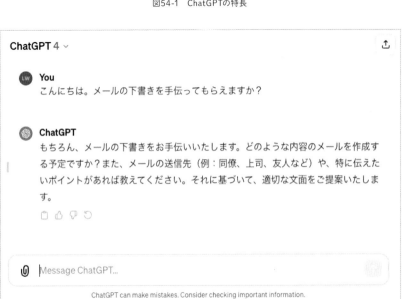

ChatGPT 4 ∨

You
こんにちは。メールの下書きを手伝ってもらえますか？

ChatGPT
もちろん、メールの下書きをお手伝いいたします。どのような内容のメールを作成する予定ですか？また、メールの送信先（例：同僚、上司、友人など）や、特に伝えたいポイントがあれば教えてください。それに基づいて、適切な文面をご提案いたします。

Message ChatGPT...

ChatGPT can make mistakes. Consider checking important information.

図54-2　ChatGPTの画面

ChatGPTを使うときの注意点

誤った内容が出力される
可能性があることを理解する

生成された文章は人の手で
確認・修正を行ってから使う

組織などで定められた
ルールの範囲内で適切に使う

図54-3　ChatGPTを使うときの注意点

AIとIoTでより生活を豊かに

① センサーなどがインターネットにつながる「モノのインターネット」

② スマートホームは家のIoT化

① センサーなどがインターネットにつながる「モノのインターネット」

IoTは「Internet of Things」の頭文字をとったもので、日本語では「モノのインターネット」と呼ばれます。その名前のとおり、**さまざまなモノがインターネットにつながり、デジタルで制御できるようになったものがIoT**です。

産業分野では、センサーやカメラを使って機器や設備の状況を把握しやすくしたり、業務の効率化をはかったりするIoTが広く活用されています。具体的には、製造業の現場で検品作業や稼働状況をリアルタイムで監視するシステムが挙げられます。検品作業では、IoTとAIの画像認識を組み合わせることで、不良品のチェックなどが行われています。これにより、人不足の解消だけではなく、検品精度の向上も期待できます。

また、まちづくりでは、センサーやカメラを使って道路の混雑状況を把握し、渋滞を予測したり、道路の冠水をセンサーで検知したりしています。特に大雨の際は、現地に人間が行くと災害に巻き込まれる恐れがあるため、安全を確保しながらもいち早く状況を把握し、被害をおさえる取り組みに活用されています。

② スマートホームは家のIoT化

スマートホームは、IoTとAIを活用して生活をより快適なものにしようという取り組みです。エアコンや照明器具などの家電製品をインターネットにつなげることで、スマホを使って遠隔地からの操作が可能です。例えば、エアコンを消し忘れてもスマホから電源を切れるため、節電にもつながります。また、スマート家電のオーブンレンジでは、音声操作で調理時間の設定などを行ったり、AIに献立選びを相談したりできる製品もあり、家事の負担の軽減に利用されています。

IoTを活用した製品の検品

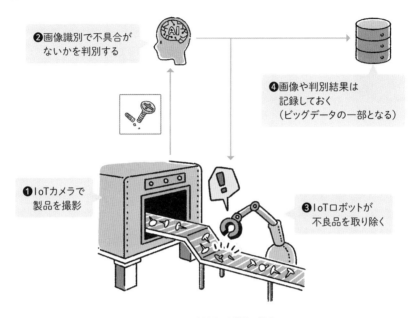

❷画像識別で不具合が
　ないかを判別する

❹画像や判別結果は
　記録しておく
　（ビッグデータの一部となる）

❶IoTカメラで
　製品を撮影

❸IoTロボットが
　不良品を取り除く

図55-1　IoTを活用した製品の検品

スマートホーム

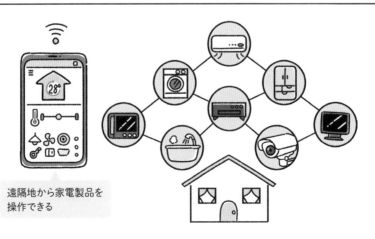

遠隔地から家電製品を
操作できる

図55-2　スマートホーム

LESSON 56 クラウドサービスの使い道

ここがポイント！

❶ スピードが求められる開発にはクラウドが必須

❷ 代表的なクラウドサービスは、IaaS、PaaS、SaaSの3つ

❶ スピードが求められる開発にはクラウドが必須

　クラウドは、インターネットを介してサーバやストレージ、アプリなどのインフラやサービスを提供する仕組みのことです。Webサービスを提供するには、プログラムを実行したり、データを保存したりするためのサーバが必要です。しかし、サーバは高価であり、1台100万円を超えるものもあるため維持費がかかります。そこでクラウドを利用すると、物理的なサーバの所有や運用をすることなく、Webサービスの提供が可能になります。初期投資が少なく、必要に応じてサーバの数を増減できることから、迅速かつ経済的にWebサービスを開発するために重宝されています。

❷ 代表的なクラウドサービスは、IaaS、PaaS、SaaSの3つ

　クラウドといっても、提供の形態によっていくつかの種類があります。**クラウドサービスの代表的な形態は、IaaS、PaaS、SaaSの3つ**です。IaaSとPaaSは主にエンジニアが主体となって利用します。IaaSの代表的なサービスはAmazon Web Services（AWS）やMicrosoft Azure、PaaSの代表的なサービスはGoogle App EngineやHerokuなどがあります。

　皆さんの身近にあるクラウドサービスはSaaSです。SaaSは、インターネットを介してアプリをサービスとして提供します。Webブラウザ上でWordやExcelを提供しているMicrosoft 365、GmailやGoogleドライブなどのGoogle Workspaceは、SaaSに該当します。パソコンへアプリをインストールする必要がなく、アプリのアップデート作業など保守管理の手間が不要です。また、インターネット環境がある場所なら、どこからでも利用できます。

オンプレミスとクラウドの違い

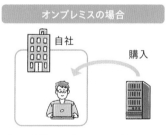

物理的な機器の購入が必要な場合、
導入に時間とコストがかかる。
さらにメンテナンスなどの維持費も必要。

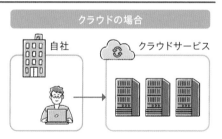

物理的な機器の購入はないため、
使いたいものをすぐに利用できる。
メンテナンスのコストはかからない。

図56-1　オンプレミスとクラウドの違い

クラウドサービスの種類

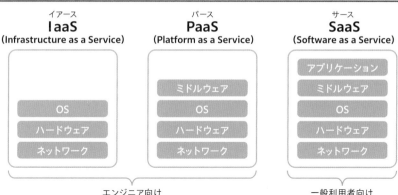

図56-2　クラウドサービスの種類

ワンポイント アドバイス

●aaSの意味

SaaSやPaaSなどの「aaS」は、「as a Service」の略で「サービスとしての」と
いう意味です。頭の一字によって、何が提供されるかを表します。SaaSの頭文
字の「S」はSoftwareの略で、ソフトウェアやアプリのことを表します。つまり、
SaaSは「サービスとしてのソフトウェア」という意味なのです。

クラウドサービスの活用

ここがポイント！

1 SaaSの活用で円滑なコミュニケーション

2 データ共有はオンラインストレージにお任せ

---

1 SaaSの活用で円滑なコミュニケーション

　SaaSはMicrosoft 365のような事務作業に利用するもの以外にも、チャット、ビデオ会議、オンラインストレージなどがあります。これらは、取引先企業とのやり取りを円滑化し、リモートワークの推進に役立てられています。

　例えば、社外の人と打ち合わせをする際は、**チャットとビデオ会議を組み合わせて利用することで、迅速にやり取りできます。**SaaSのアプリが一般的に使われるようになる前は、電子メールや電話で連絡し、打ち合わせは直接対面して行われることがほとんどでした。しかし、現在はSlackやChatworkなどのチャットアプリで打ち合わせの日程を決め、ZoomやGoogle Meetなどのビデオ会議アプリを利用してオンライン会議を実施することが当たり前になりました。**ビデオ会議を利用することで、移動に使っていた時間を別の作業にあてることができ、業務の効率化がはかれます。**

---

2 データ共有はオンラインストレージにお任せ

　リモートワークの場合、セキュリティの問題からVPN（P.106）の利用なしに、社内のネットワークに接続するのは危険です。会社の規模によっては、VPNの導入が難しい場合がありますが、SaaSの一種である**オンラインストレージを使うことでインターネット上にデータを保管できます。**またオンラインストレージへのアクセス権限は、フォルダごとに細かく設定できるため、社外の取引先の人とデータ共有にも活用できます。なお、無料でも利用できますが、容量制限があります。ビジネスで利用する場合は、データ量に応じて有料契約することをおすすめします。

業務に活用できるクラウドサービス

ビデオ会議

オンラインストレージ

●サービス例
Zoom、Google Meet、MicrosoftTeamsなど

●メリット
・移動時間が不要
・会議スペースの確保が不要
・遠隔地の人と気軽に打ち合わせが可能

●デメリット
・通信環境が不安定な場合がある
・参加者の雰囲気がつかみづらい

●サービス例
OneDrive、Google ドライブ、Dropboxなど

●メリット
・容量の拡張が簡単
・アカウントごとにアクセス権限を設定できる

●デメリット
・情報漏えいのリスクがある
・障害が発生しても自社で対応できない

図57-1　業務に活用できるクラウドサービス

その他のクラウドサービス

オフィス業務

- Microsoft 365
- Google Workspace
など

スケジュール管理

- Google カレンダー
- Colorkrew Biz
- Acall　など

メール

- Gmail
- Yahoo!メール
- Outlook.com　など

業務支援

- EPM
- CRM
- MA　など

チャット

- Slack
- Chatwork
- LINE WORKS　など

電子契約

- クラウドサイン
- GMOサイン
- freeeサイン　など

図57-2　その他のクラウドサービス

ブロックチェーン

ここがポイント！

❶ 情報をつなげて管理するから改ざんしにくい

❷ 物流でも活用されるブロックチェーン

❶ 情報をつなげて管理するから改ざんしにくい

ブロックチェーンは、**インターネットを通じて、複数のコンピュータでデータを分散して管理**します。これにより、データを管理するコンピュータのうち1台がサイバー攻撃などを受けて破壊されても、他のコンピュータからデータを復元することが可能です。

また、データの塊であるブロックはチェーン（鎖）のようにつなげて管理しています。このブロックには過去のデータが含まれるため、ある部分を改ざんすると、それ以降のブロックもすべて改ざんしなければなりません。この仕組みがあるため、**ブロックチェーンは改ざんが非常に困難である**といわれています。

❷ 物流で活用されるブロックチェーン

ブロックチェーンは、仮想通貨などの金融分野だけではなく、サプライチェーンにも活用されています。サプライチェーンとは、商品の原材料の調達から製造、物流、販売といった、商品が開発されて消費者の手元に届くまでの流れのことです。

サプライチェーンには、複数の会社が携わるため、会社間での連携が取りづらく、リアルタイムでの情報共有が困難でした。しかし、ブロックチェーンを活用することで、**すべての取引記録を追跡できるようになり、偽造品や不正が発生するリスクをおさえることができる**ようになりました。例えば、産地をアピールしたい食品などでは、産地情報に誤りがないことを保証できます。また、サプライチェーン全体の情報がリアルタイムで把握できるため、適切な在庫管理に役立てられます。

ブロックチェーンのメリット

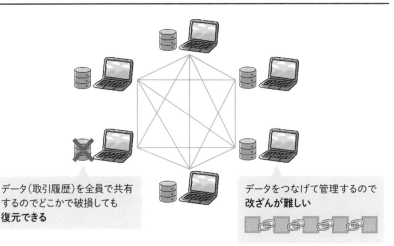

データ（取引履歴）を全員で共有
するのでどこかで破損しても
復元できる

データをつなげて管理するので
改ざんが難しい

図58-1　ブロックチェーン

サプライチェーンとブロックチェーン

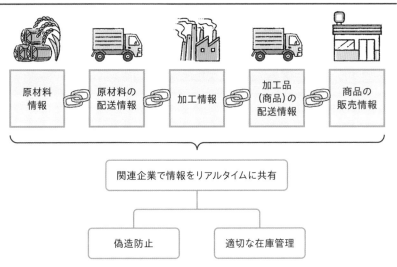

| 原材料情報 | 原材料の配送情報 | 加工情報 | 加工品（商品）の配送情報 | 商品の販売情報 |

関連企業で情報をリアルタイムに共有

偽造防止　　適切な在庫管理

図58-2　サプライチェーンとブロックチェーン

メタバース

ここがポイント！

❶ メタバース＝仮想空間

❷ 仮想空間で人を集めてビジネスにつなげよう

❶ メタバース＝仮想空間

　メタバース（Metaverse）とは、**インターネット上に構築された仮想空間やそれを提供するサービス**のことです。Metaverseは、meta（超越）とuniverse（宇宙）を組み合わせた造語です。メタバースでは、アバターと呼ばれる分身を操作して、他の利用者とコミュニケーションを取ったり、ショッピングをしたり、仕事をしたりといった活動を行います。サービスによってはVRゴーグルと呼ばれる機器を使うことにより、アバターの目線で仮想空間を楽しむことができます。なお、一般的には３次元の立体的な仮想空間をメタバースと呼びますが、２次元の平面的な仮想空間もあります。

❷ 仮想空間で人を集めてビジネスにつなげよう

　代表的なサービスには、clusterやVRChatがあります。これらは、仮想空間内で他のユーザーと交流するもので、VRSNSとも呼ばれます。clusterでは、2020年からメタバース上に再現された渋谷の街でハロウィンイベントが実施され、音楽ライブやゲームなどを楽しむことができます。**現実のイベント会場は入場できる人数に制限がありますが、メタバースでは無制限**です。また現地に足を運ぶ必要がないので、気軽に参加できることがメリットです。そのため、**企業でも商品やサービスの宣伝の場として注目**されています。

　また、メタバースオフィスと呼ばれるものでは、実際のオフィスに似せた仮想空間で出社や退勤をします。メタバースオフィスにアバターが集まることで、社員の出社状況が把握しやすいというメリットがあり、チャットやビデオ会議なども実施できます。

メタバースとは

VRゴーグルを使用することで、アバター目線になり没入感がアップ

3次元の仮想空間

自分の分身となるアバターを操作する

図59-1　メタバース

メタバースビジネス

現実では難しいレイアウトにできる

商品の陳列スペースは無限大

アバターに試着させ、商品を体感できる

時間を問わず訪問できる

図59-2　メタバースビジネス：ショッピング

仮想空間ならではの演出ができる

現地に行かなくても参加できる

人数制限がない

図59-3　メタバースビジネス：ライブなどのイベント

LESSON 60 定型業務の効率化に取り組もう

ここがポイント！

❶ 定型業務を自動化して効率アップ

❷ 定型業務の自動化のカギ＝マクロ・RPAツール・プログラミング

---

❶ 定型業務を自動化して効率アップ

定型業務とは、手順が決まっており、単発ではなく定期的に発生する業務のことで、ルーチンワークとも呼ばれます。例えば、発注書や納品書の作成、週報や月報などの報告書作成、経費精算などの事務作業などが定型業務といえます。これらの作業は単純なものの、DXを推進する際にはデータ入力などの作業をなくすことは難しいです。しかし、ITを活用してこれらの作業を**自動化することで、作業時間を短縮し、新しい事業や商品の企画検討、臨機応変な対応に集中することができます**。また、人の手による作業では発生しやすい入力ミスなども軽減できます。定型業務と非定型業務を分類し、自動化できそうな定型業務は積極的に取り入れていきましょう。

---

❷ 定型業務の自動化のカギ＝プログラミング・マクロ・RPAツール

定型業務の自動化に使われる代表的な手法には、マクロ、RPAツール、プログラミング言語のPythonがあります。マクロは複数の処理をまとめて実行できる仕組みで、Excelをはじめとした Microsoft Office には標準で備わっています。RPAツールは直感的に画面操作を設定して自動化できるもので、無料版もありますが機能が制限されていることが多いため、本格的な利用には有料版がおすすめです。Pythonを使用する場合は、プログラミングの知識が必要なため少し難易度が高いですが、画像や音声などの加工も可能であり、汎用性が高いという特長があります。それぞれの手法でどのような処理を自動化できるのかについては、以降のレッスンで詳しく説明します。

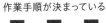

PART **5** ──ITの活用事例とトピック

定型業務を探そう

作業手順が決まっている	定期的に発生する	人間の判断は不要

具体例

- 文章の型が決まった書類の作成
- 発注書や納品書など伝票の作成
- 週報や月報など活動内容の報告書の作成
- 経費精算や給与計算などの事務作業
- 売上や在庫などの集計作業
- データの入力や転記
- 内容の型が決まったメールの送信

図60-1　定型業務

RPAツールで設定する作業

報告書のファイルを作成

↓

定型文の入力

↓

非定型文の入力

↓

メールを作成

↓

メールにファイルを添付

↓

メールを送信

事前に設定された
作業を自動的に実行

RPAツール

非定型文だけ、実行する
ときにRPAツールに入力

図60-2　RPAツールで設定する作業

ワンポイント アドバイス

できるだけ業務支援システムで自動化しよう

業務支援システムを導入している場合は、そのシステムにある作業自動化の機能を最大限に活用しましょう。P.112で説明したERPには、給与を自動的に計算する機能が含まれていることがあります。業務支援システムで自動化できない個人の作業などをより効率的に行いたい場合には、マクロ、RPAツール、Pythonなどを使いましょう。

LESSON 61 Excelマクロで作業を自動化

ここがポイント！

❶ Microsoft Officeで処理を自動化する機能もマクロと呼ぶ

❷ ビデオ撮影のようにマクロを記録できる

---

❶ Microsoft Officeで処理を自動化する機能もマクロと呼ぶ

　マクロは複数の処理をまとめて実行できる仕組みであり、狭義では主に
Microsoft Officeで処理を自動化するための機能を指します。「マクロ＝VBA」
と認識されていることがありますが、VBA（Visual Basic for Applications）
はマクロを作成するためのプログラミング言語です。Microsoft Officeでは、
**VBAを使用してマクロを作成する方法と、「マクロの記録」という機能を使って
マクロを作成する方法**があります。なお、Excel上で作成されたマクロは一般的
にExcelマクロと呼ばれています。

---

❷ ビデオ撮影のようにマクロを記録できる

　「マクロの記録」機能を使ったマクロの操作は非常に簡単です。操作を記録
したい一連の手順を、**[マクロの記録] ボタンをクリックしてから、[記録終
了] ボタンをクリックするまで流れで記録**します。このように記録したマクロは、
Excel内で特定のセルに対して即座に処理を行うためのショートカットキーとし
て登録できます。これにより、セルの書式設定、セルの並べ替え、文字の検索と
置換、グラフの作成などを簡単に自動化できます。1つのマクロとしてまとめら
れたこれらの処理は、ひとつひとつが単純でも、**設定項目が多かったり、対象の
セルが多かったりする場合は、作業効率の向上につながります**。マクロについて
解説したWebサイトや書籍が多くあるので、学習コストが低い点がメリットで
すが、Windows環境でしか利用できないことや作成者以外が理解しにくくなる
点はデメリットだといえます。広い範囲でファイルを共有する場合は、マクロの
使用は慎重に検討したほうがよいでしょう。

「マクロの記録」機能を使ったExcelマクロの作り方

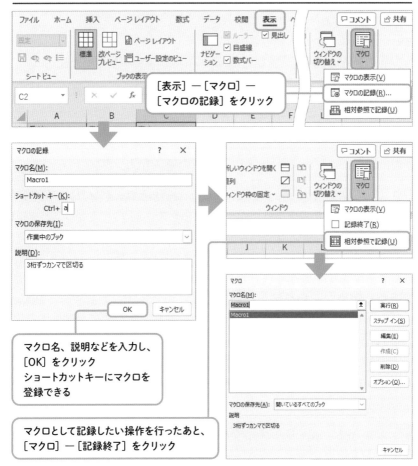

[表示] — [マクロ] —
[マクロの記録] をクリック

マクロ名、説明などを入力し、
[OK] をクリック
ショートカットキーにマクロを
登録できる

マクロとして記録したい操作を行ったあと、
[マクロ] — [記録終了] をクリック

図61-1　マクロの記録

マクロを実行するときの注意点

[元に戻す] という機能を使うと操作前の状態に戻せますが、マクロを実行した場合は [元に戻す] では前の状態に戻すことができません。そのため、複雑なマクロを実行する場合は、事前にファイルをバックアップしておくことをおすすめします。

RPAツールで作業を自動化

ここがポイント！

❶ Windows環境ならPower Automateの導入がカンタン
❷ Power Automate Desktopでパソコン上の作業を自動化

❶ Windows環境ならPower Automateの導入がカンタン

RPA（Robotic Process Automation）ツールとは、パソコンで行う定型業務を自動化するためのアプリです。作業プロセスや実行タイミングなどを視覚的に設定できます。設定した作業は手動で実行するほか、毎月1日や毎週金曜日の16:00など指定した時間に自動的に実行させることも可能です。

RPAツールは無料から有料までさまざまな種類があります。**Windows環境で手軽にRPAツールを試したい場合は**、Microsoft社が提供する**Power Automate**がおすすめです。Power Automate はクラウド版とデスクトップ版があり、Windows 10/11を使用している場合はデスクトップ版を無料で使用することができます。なお、macOSの場合は、標準でインストールされているAutomatorがRPAツールとして利用できます。

❷ Power Automate Desktopでパソコン上の作業を自動化

デスクトップ版のPower Automate Desktopでは、**フォルダやファイルの操作、ExcelやOutlookなどのオフィスアプリの操作を自動化することができます。Excelマクロとは異なり、Excelを起動していない状態でもExcel関連の処理をできる**ことが利点です。さらにPDFからテキストを抽出し、テキストファイルに書き込んで保存するなど、複数の処理を連携させることも可能です。設定自体は、処理の種類を選択し、順番につなげていくだけです。一部の処理では、メールを送る宛先やどのフォルダを開くかなど、詳細な設定が必要な場合もあります。Power Automate Desktopには自動化の処理の例が豊富に用意されているため、それを参考にして独自の処理を作成することもできます。

Power Automate Desktopの処理を設定する画面

画面左から実行したい処理を順番に選んでいく

図62-1　RPAツール①

処理の例が豊富に用意されている

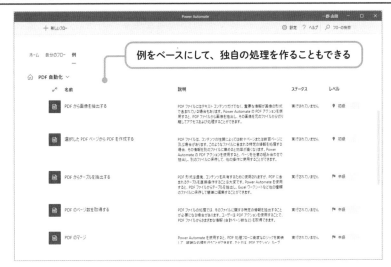

例をベースにして、独自の処理を作ることもできる

図62-2　RPAツール②

Pythonで作業を自動化

ここがポイント！

❶ Pythonは定型業務の自動化が得意なプログラミング言語

❷ Pythonによる自動化は設定内容の自由度が高い

❶ Pythonは定型業務の自動化が得意なプログラミング言語

　以降のレッスンで説明するようにプログラミング言語にはさまざまな種類がありますが、PythonはAI開発やデータ分析、Webアプリなど用途が広く、**定型業務の自動化も得意**としています。Pythonは**シンプルな文法でプログラムの読み書きがしやすく、プログラミング初学者でも習得しやすい**言語です。また多種多様なライブラリ(プログラムの部品)が提供されており、これらを活用することで短いプログラムで効率的な処理を作成できます。

❷ Pythonによる自動化は自由度が高い

　定型業務を自動化する方法の中で、**Pythonを使用する方法はさまざまな処理を柔軟に自動化できます**。RPAツールの場合は用意されている項目を選んで設定していくため、RPAツールに項目がない作業の自動化は難しいですが、Pythonの場合、ひとつひとつの作業をプログラムで作成できるため、自由度が高まります。例えば、画像加工やデータ集計・分析など、RPAツールでは難しい作業もPythonで実現できます。

　プログラミング言語の習得には少し時間がかかるかもしれませんが、一度習得するとRPAツールよりも柔軟かつ効率的に同じ作業の自動化ができます。またプログラミングは物事を整理し、目的に向けて処理を構築する力を養うため、課題解決能力の向上にも寄与します。これはビジネスの場面やChatGPTを利用する際などにも役立ちます。ChatGPTは必ずしも適切な結果を出力するわけではないため、どうすれば欲しい結果が得られるかを考える際に役立つことでしょう。

Pythonの特徴

- 文法がシンプル
- プログラムのコードが読み書きしやすい
- ライブラリ（プログラムの部品）が豊富
- プログラムの実行確認が容易
- 汎用性が高く、用途の幅が広い

Python特有の自動化の例

画像加工
- サイズ変更
- トリミング（切り抜き）
- モノクロ化
- 明るさ調整
- エフェクト処理（モザイク、ぼかし）
- 文字入れ
- 図形描画

動画加工
- サイズ変更
- 画質の変更
- ノイズの除去
- 明るさ調整
- フェードイン、フェードアウト
- テロップの文字入れ
- BGMの追加

音声加工
- ボリューム調整
- 音程の調整
- 速度調整
- ノイズの除去
- エコーをかける
- 文字起こし

データ集計と分析
- 複数のファイルからデータを集計
- 表やグラフを作成する
- 欠損データの検出と修正
- データの分類
- データの構造化
- 統計分析（相関分析、回帰分析など）

図63-1 Python特有の自動化の例

Pythonのプログラムの例

指定したフォルダの画像を50%にリサイズして、別のフォルダに保存するプログラムは、たったの12行で作れる。

```python
from PIL import Image
import os

in_dir = 'in_img'
out_dir = 'out_img'
size = 50

for filename in os.listdir(in_dir):
    original_image = Image.open(os.path.join(in_dir, filename))
    width, height = original_image.size
    resized_image = original_image.resize((int(width/2), int(height/2)), Image.LANCZOS)
    resized_image.save(os.path.join(out_dir, filename))
```

図63-2 Pythonのプログラムの例

プログラミングとは何か

ここがポイント！

① プログラミングを理解することでエンジニアと良好な関係を保つ

② プログラミング＝コンピュータへの命令を作る作業

① プログラミングを理解することでエンジニアと良好な関係を保つ

前のレッスンで紹介したPythonのようなプログラミング言語を学ぶことで、非エンジニアでも作業の効率化や課題解決能力の向上が期待できます。さらに重要なメリットとして、**エンジニアとのコミュニケーションが円滑になる**ことがあります。システム開発などをエンジニアに依頼する場合、作業にかかる時間や難易度を理解し、現実的な指示を出すことが重要です。少ない工数や実現が難しい指示を出すと、エンジニアとの関係が悪くなってしまう恐れがあります。プログラミングを学ぶことによって作業の流れや制約、実現可能なことなどを理解し、現実的な依頼ができるようになるでしょう。

② プログラミング＝コンピュータへの命令を作る作業

プログラミングとは、コンピュータに対して特定の命令や手順を伝えるプログラムを作成することです。プログラム（program）とは、予定や計画、演目などの意味を持ちます。入学式や卒業式などの学校行事で、イベントの予定が書かれた冊子を手にしたことがあるでしょう。「校長先生の式辞」や「卒業証書授与」など、式でやることを順番どおりに並べたものがプログラムです。

これと同様に、コンピュータへのプログラムも、実行したい命令を順序立てて並べます。例えば、動画アプリで動画を見る際、「動画を再生する」という単純な表現の裏では複数の命令が実行されています。具体的には、「サーバに動画のデータを要求する」「動画のデータを受信する」「画面に動画を表示する」といった複数の命令が順番に実行されています。つまり、**コンピュータのプログラムを作成するには、動作を細かく分割し、各命令を順番につなげていく必要があるのです。**

プログラムとプログラミング

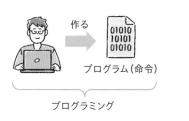

機能ごとのプログラムがある

作る

プログラム（命令）

プログラミング

アプリAの
プログラム

アプリBの
プログラム

アプリCの
プログラム

・・・

図64-1　プログラムとプログラミング

プログラムは計画表みたいなもの

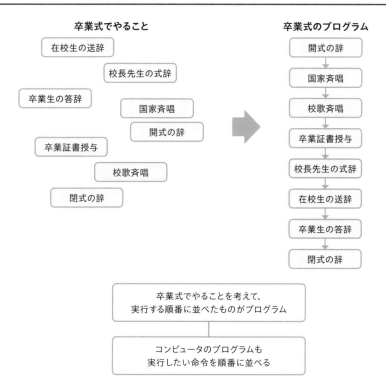

卒業式でやること

在校生の送辞

校長先生の式辞

卒業生の答辞

国家斉唱

開式の辞

卒業証書授与

校歌斉唱

閉式の辞

卒業式のプログラム

開式の辞

国家斉唱

校歌斉唱

卒業証書授与

校長先生の式辞

在校生の送辞

卒業生の答辞

閉式の辞

卒業式でやることを考えて、
実行する順番に並べたものがプログラム

コンピュータのプログラムも
実行したい命令を順番に並べる

図64-2　プログラム

プログラミング言語の種類

ここがポイント！

❶ プログラミング言語は人間が命令を作るための言葉

❷ 目的に合わせてプログラミング言語を選ぶ

❶ プログラミング言語は人間が命令を作るための言葉

コンピュータは、0と1で表した2進数という情報しか理解できません。しかし、人間が2進数で直接コンピュータに指示を与えることは非常に困難です。そのため、**人間が理解しやすい形で命令を表現するために**、プログラミング言語が使われます。

プログラミング言語は、サービスや業務の効率化に使われるものから、教育や実験・研究に使われる言語までさまざまです。種類は数百から数千におよび、それぞれ異なる特長を持っています。皆さんは、代表的なプログラミング言語を把握しておくと、さまざまな業務やプロジェクトに対応できるでしょう。

❷ 目的に合わせてプログラミング言語を選ぶ

プログラミング言語は、種類によって得意な領域があります。前述のように、Pythonは主に定型的な仕事の自動化や機械学習に向いています。一方で、スマホアプリの開発には、PythonよりもSwift（iOS向け）やJava（Android向け）が適しています。

もし、皆さんが何らかのプログラミング言語を勉強したいと考えたときは、何をしたいか、何を作りたいかを明確にすることが大切です。例えば、ゲームを作りたいと考えているなら、ゲーム開発に向いている言語を選ぶとよいでしょう。

プログラミングに挑戦してみたいという目的であれば、Pythonがおすすめです。仕事の自動化に役立ち、汎用性が高いので覚えておいて損はありません。システムの仕組みを理解することにもつながるので、興味がある方はぜひプログラミングにも挑戦してみてください。

代表的なプログラミング言語

名前	主な用途
C言語 （シー）	OS、IoT 機器に組み込むためのプログラム開発など
C++ （シープラスプラス）	金融システムや公共機関のシステムといった大規模なシステム開発など
C# （シーシャープ）	Windows 向けのアプリや、Unity を使ったゲーム開発など
Java （ジャバ）	Web アプリや、Android 向けのアプリ開発など
PHP （ピーエイチピー）	Web アプリのサーバ側の開発
Swift （スイフト）	iOS や macOS 向けのアプリ開発に使用
Python （パイソン）	定型業務の自動化や機械学習、Web アプリのサーバ側の開発など
JavaScript （ジャバスクリプト）	Web アプリのクライアント側の開発など（Java とは別の言語）
Go	Web アプリのサーバ側や、IoT 機器に組み込むプログラム開発など

ワンポイント アドバイス

HTMLはマークアップ言語

HTMLはプログラミング言語ではなく、マークアップ言語と呼ばれるものです。HTMLはコンピュータに命令を出しているのではなく、タグと呼ばれるもので文書の構造を表すもので、ここは画像、ここは文章という形で、構造を定義します。Webブラウザは、HTMLで定義された構造に従って、画像や文章を表示させています。またCSSはスタイルシート言語、SQLはデータベース言語という種類の言語で、いずれも厳密にはプログラミング言語ではありません。

名前	言語の種類	主な用途
HTML	マークアップ言語	Web ページの構造を表すために使用
CSS	スタイルシート言語	HTMLで表現されるものにデザインを行うためのもの
SQL	データベース言語	データを管理するデータベースを操作するためのもの

巻末付録
知っておきたい!
IT用語集

用　語	意　味
1 IT	Information Technology（情報技術）の略で、スマホやパソコンなどのコンピュータや、インターネットといったデジタル技術の総称のこと。
2 ICT	Information and Communication Technology（情報通信技術）の略で、デジタル技術に加えて、コミュニケーションの部分に重きを置いた用語。
3 デジタルディバイド	IT を利用できる人と利用できない人の間に生じる格差のことで、情報格差ともいう。また、同じ会社内でも、年齢の違いによって IT 知識に差が生じる場合がある。
4 DX	Digital Transformation の略で、デジタル変革という意味を持つ。デジタル技術を活用して業務プロセスやビジネスに改革をもたらそうという取り組みのこと。
5 AI	Artificial Intelligence の略で、人工知能とも呼ばれる。コンピュータに人間のような知能を持たせる技術で、「識別」「予測」「実行」の 3 つの機能をもつ。
6 AGI	Artificial General Intelligence の略で、汎用人工知能とも呼ばれる。人間と同様もしくはそれ以上の知識や能力をもち、自己学習と柔軟な問題解決が可能な人工知能のことを指す。まだ実現には至っていないものの、研究が進められている。
7 シンギュラリティ	人工知能が人間の知能を超える転換点のことで、Singularity は特異点という意味を持つ。シンギュラリティが起こると、人間社会に大きな影響をもたらすと考えられている。
8 生成 AI	プロンプトと呼ばれる入力されたデータに応じて、文章や画像、音楽などを新しいコンテンツを生成する AI のこと。誤った内容や既存のコンテンツに類似した内容を出力することがあるため、出力結果の扱いには注意が必要。

9	エッジAI	AIが行うデータ処理や分析をサーバ側ではなく、スマホやセンサーなど、データを収集する側で行う仕組みのこと。通信する時間がかからないため、自動運転など迅速な処理が求められる分野で使われている。
10	IoT	Internet of Things の頭文字をとったもので、モノのインターネットと呼ばれる。インターネットにつながり、データを送信したり、制御できたりするセンサーやカメラなどは、IoTデバイスと呼ばれる。
11	Society5.0	仮想空間（サイバー空間）と現実空間（フィジカル空間）を融合し、AIやIoTなどを活用して、経済発展と社会的課題の解決を両立する、人間中心の社会（Society）のこと。
12	クラウド	インターネットを通じて、必要なときに必要な分だけサーバやソフトウェアなどを利用できる仕組みのこと。クラウドを提供するサービスをクラウドサービスと呼ぶ。
13	ハイブリッドクラウド	自社専用のサーバに構築したクラウド（プライベートクラウド）、外部のクラウド（パブリッククラウド）、オンプレミスのいずれかを組み合わせた環境のこと。重要な情報をプライベートクラウドやオンプレミスに置くことで、セキュリティを確保できる。
14	仮想化	コンピュータのハードウェア（CPUやメモリ、ストレージ、ネットワークなど）を、ソフトウェアを使って再現する技術のこと。1台のコンピュータを複数台あるように振舞うことができ、クラウドに欠かせない技術のひとつ。
15	ブロックチェーン	分散型台帳技術とも呼ばれる、オリジナルとコピーを区別するための技術。取引の記録（ブロック）をチェーン（鎖）のようにつなげて管理するため、データの改ざんすることが難しい。
16	仮想通貨（暗号資産）	インターネット上で取引するデジタル通貨のことで、ブロックチェーンが使われている。国境を超えて使用することができるが、国が補償する法定通貨ではないため、価値が大きく変動することがある。
17	NFT（非代替性トークン）	Non-Fungible Token の略で、ブロックチェーン技術を用いたデジタル資産の独自性と所有権を証明するための仕組み。例えば、デジタルアートが唯一無二のものであることを証明できる。

18	5G	5th Generation の略で、第5世代移動通信システムのこと。従来の4Gより、データの通信速後が高速、遅延（タイムラグ）がほぼなくリアルタイムで通信でき、多数の機器が同時にネットワークに接続できることが特徴。これにより、遠隔地のロボット操作や、ビッグデータの通信を支えることができると期待されている。
19	ウェアラブルデバイス	スマートウォッチやスマートグラスなど、身体に装着することを目的とした小型の電子機器のこと。メールやSNSをチェックしたり、健康管理のために生体情報（心拍数や歩数など）を収集したりできる。
20	デジタルツイン	センサーを搭載したIoTデバイスでリアルタイムに情報を収集し、現実世界の事象をコンピュータ上で再現する技術のこと。コンピュータ上で現実世界の起こりえる事象をシミュレーション（実験）できる。
21	マーケティング	市場分析、商品開発、宣伝活動、営業活動、販売活動など、製品やサービスを消費者に届けるための一連の活動のこと。狭義では、宣伝活動のみを指してマーケティングという。
22	EC（電子商取引）	Electronic Commerce の略で、インターネット上で契約や取引を行うこと。また、インターネット上で商品やサービスを販売するWebサイトのことをECサイトと呼ぶ。
23	ECモール	複数のECサイトが集まったWebサイトやサービスのこと。自社で独自のECサイトを立ち上げるにはコストがかかるが、ECモールを活用することでコストを抑えられる。代表的なECモールとして、Amazon、楽天市場、Yahoo!ショッピングが挙げられる。
24	D2C	Direct to Consumer の略で、製品やサービスの製造者が、小売店や卸売業者などの中間業者を通さずに、直接消費者に製品を販売すること。ECサイトを活用することで、消費者と直接やり取りができるため、消費者からの反応も得やすい。
25	ライブコマース	インターネット上でリアルタイムに行われるストリーミングを通じて、商品やサービスを紹介し、販売するオンラインショッピングのこと。視聴者は、リアルタイムで質問したり、直接購入できたりする。
26	オムニチャネル	マーケティングにおいて、実店舗やECサイトなど複数の販売経路（チャネル）を連携させること。商品との接点を増やすことで、売上げ増加や顧客満足度の向上などが期待できる。

27	OOH 広告	「OOH」は Out Of Home の略で、自宅以外で目にする広告のこと。公共施設にあるポスター広告や、電車内の中刷り広告などが該当する。また近年は、デジタルサイネージも OOH 広告に使用されている。
28	デジタルサイネージ	電子看板とも呼ばれる、公共施設などに設置されたディスプレイに表示する情報や広告のこと。動画を表示できるため、従来のポスター広告より多くの情報を発信することができる。
29	O2O	Online to Offline の略で、オンライン（インターネット）からオフライン（実店舗）へ誘導する施策のこと。例えば、メールなどで割引クーポンを配信し、実店舗への来店を促す。
30	サブスクリプション	製品やサービスを利用するために、一定期間ごとに支払いをするビジネスモデル。購入しているのは利用する権利であり、商品やサービス自体を購入しているわけではないため、契約が終了すると利用できなくなる。
31	ストリーミング	音楽やビデオなどのコンテンツをインターネットを通じて、リアルタイムで配信・視聴する技術のこと。利用者はデータのダウンロードを待つことなく、コンテンツを視聴できる。
32	オンデマンド	on demand（要求する）に由来する、ユーザーが必要なときに、必要なサービスを提供するビジネスモデルのこと。SaaS や動画を提供する Netflix、食事を配達する Uber Eats などが該当する。
33	フリーミアム	Free（無料）と Premium（プレミアム）を組み合わせた用語で、製品やサービスの基本機能を無料で提供しつつ、追加機能を有料で提要するサービスモデルのこと。例えば、動画配信サイトで広告をなしにする機能を有料で提供するサービスが該当する。
34	オウンドメディア	企業や組織が所有する（owned）メディアのことで、企業の Web サイトやブログ、SNS のアカウントなどが含まれる。オウンドメディアをとおして、自社のサービスに関する情報を顧客に直接伝えることができる。
35	キュレーション (Curation)	インターネット上の膨大な情報の中から、特定のテーマに関する情報を収集し、整理して再構築して提供すること。関連性の高い情報を集めることで、新しい価値を生み出す。
36	PV	Page View の略で、Web サイトの特定のページが閲覧された回数を表す指標のこと。PV が多いほど閲覧されている数が多いので、人気が高いページだと判断できる。

37	CV（コンバージョン）	転換という意味を持つ Conversion の略称で、Web サイトで訪問客が特定の行動（商品購入、サービス登録）をとった状態のこと。訪問者のうち、特定の行動をとった割合のことをコンバージョンレート（CV 率）という。
38	UU（ユニークユーザー）	特定の期間内に、Web サイトを閲覧した人やアプリを使った人のこと。期間内に同一人物が複数回訪問しても 1 回とカウントする。Web サイトの場合、IP アドレスやトラッキング、クッキーにより測定する。
39	トラッキング	特定の物体や人物、データの動きを追跡すること。IT 分野では、Web 広告や Web サイトなどを見た人がどのような行動をとったかを追跡し、その記録をマーケティングに活用する。
40	クッキー（Cookie）	Web サイトを閲覧したときに、Web サーバから Web ブラウザに送られてくるデータのこと。会員制のサイトで、ログイン状態を維持するためなどに利用される。プライバシー保護の観点から、Cookie を保存するためには利用者の許可が必要。
41	クロステック（X-Tech）	特定の業界（X）と技術（Technology）の組み合わせを指し、既存のビジネスに AI や IoT、クラウドなどの最新の IT をかけあわせて、新しい価値を生む取り組みのこと。
42	HR テック	Human Resources（人的資産）と Technology を組み合わせた用語で、IT を活用して企業資源である人材を有効活用するためのシステムや取り組みのこと。AI を活用した採用活動や、e ラーニングを使った社員教育などが該当する。
43	フィンテック（Fintech）	Financial（金融）と Technology を組み合わせた用語で、IT を活用した金融サービスのことを指す。代表的なものとして、インターネットバンキングやキャッシュレス決済（電子決済）、仮想通貨などがある。
44	ヘルステック（HealthTech）	Health（健康）と Technology と組み合わせた用語で、IT を活用した医療やヘルスケアなどのサービスを指す。例えば、ウェアラブルデバイスを用いて、心拍数や体温などの生体情報を取得し、健康管理に活用できる。
45	エドテック（EdTech）	Education（教育）と Technology を組み合わせた用語で、IT を活用した教育を支援する仕組みやサービスを指す。オンライン授業や e ラーニングのほかに、LMS（学習管理システム）などが該当する。

46	LMS （学習管理システム）	Learning Management System の略称で、オンライン授業やeラーニングをサポートもしくは実施できるシステムのこと。LMS 上で使用する教材（テキストや動画）の作成や配信、管理などを行える。
47	シェアリングエコノミー	インターネットを介して、個人や企業が所有する「モノ」「スキル」「場所」の売買や共有、貸出を行う仕組みやサービスのこと。民泊サービスや、ライドシェア（Ride Share）と呼ばれる、一般ドライバーが有料で送迎するサービスがある。
48	POS システム	Point of Sale System の略で、商品やサービスで取引（売買）した情報を管理するためのシステム。小売業や飲食業などで利用されており、発注や在庫管理などに役立つ。
49	QR コード※	四角い形状に点の配列で情報を表した二次元のバーコード。従来のバーコードより扱える情報量が多く、360度どの角度からも読み取ることができる。電子決済や電子チケットなどに活用されている。※QRコードは（株）デンソーウェーブの登録商標です。
50	MRP	Material Requirements Planning の略で、資材所要計画という意味をもつ。製造業において製品を生産するために必要な材用を管理する手法、またはそれを支援するシステムのこと。
51	SFA	Sales Force Automation の略で、営業支援システムと呼ばれる営業活動を支援するシステムのこと。営業活動における営業履歴や商談の進捗などを管理し、共有することで効率的な営業活動を支援する。
52	BI	Business Intelligence の略で、蓄積したデータを会社の意思決定のために活用する取り組みや、それを行うシステムのこと。データウェアハウスに蓄積したデータを BI で可視化する。
53	データウェアハウス	Data Ware House を略して DWH とも呼ばれる。さまざまなシステムで利用するデータを時系列ごとに整理して蓄積し、データを分析しやすい状態で管理する。
54	データベース	さまざまなデータを一定のルールにしたがって分類、整理し、一箇所にまとめて蓄積したもの。IT サービスには欠かせないもので、例えば EC サイトの顧客情報や商品情報、購入情報などはデータベースで管理させる。
55	サイバー攻撃	ネットワークを通じてコンピュータなどに対して行われる悪意のある攻撃。主な目的は、機密情報の不正取得やシステムの破壊など、相手に損害を与えたり、取得した情報を金銭に変えたりすること。

56	マルウェア	ウイルスやワーム、トロイの木馬、スパイウェアなど、悪意のあるプログラムの総称。感染すると、パソコンが使えなくなったり、情報が漏洩したり、何らかの被害が発生する。
57	スパム（SPAM）	不特定多数かつ無差別に、大量のメールやメッセージなどを送る迷惑行為のこと。宣伝だけではなく、フィッシング詐欺やワンクリック詐欺を目的としたものもある。スパムメールに返信したり、リンクをクリックしてはならない。
58	ラット（RAT）	Remote Access Trojan の略称で、コンピュータを外部から遠隔操作できるようにするマルウェアのこと。ボットに似ているが、ボットより高度な操作が可能。
59	ゼロデイ攻撃	ソフトウェアの脆弱性が開発者や一般に知られる前に発見され、その脆弱性を利用するサイバー攻撃のこと。脆弱性に対策される前に行われるので、防ぐことが難しい。被害を最小限に抑える方法として、EDR の導入が挙げられる。
60	バックドア	コンピュータに設置された裏口のこと。企業では監視目的に設置することもあるが、悪意のある攻撃者が不正アクセスやデータ取得などを目的として、マルウェアを介して設置することもある。
61	デジタル・フォレンジックス	情報漏えいや不正アクセスなどが発生した際、原因究明や証拠保護のために、対象となるパソコンやスマホからデータを回収し、分析すること。
62	EDR	Endpoint Detection and Response の略で、末端（エンドポイント）のスマホやパソコンで発生する技術的脅威を検出するための仕組み。異常が発生したときは、管理者に通知されるため、迅速な対応が可能。
63	ノーコード・ローコード	コード（プログラム）を書かずにソフトウェアや Web アプリなどを作ること、またそのために使用するツール。あらかじめ用意されたパーツ（部品）を組み合わせるだけなので、プログラミング知識がない人でもアプリ開発が可能。ローコードでは、ごく少量（Low）のコードが必要な場合がある。
64	RPA	Robotic Process Automation の略で、コンピュータ上で行う作業を自動化すること。これに使うアプリのことを RPA ツールと呼ぶ。
65	アウトソーシング	国内外問わず、業務の一部を外部に委託すること。企業によっては社内に SE はいるもののプログラマがいないことも多く、ソフトウェア開発のプログラミングをアウトソーシングすることがある。

66	オフショア	業務の一部を国外に委託すること。人件費や物価が安い海外に委託することで、コストを削減できる。ただし、日本語でやり取りができないことが多く、コミュニケーションにコストがかかる。
67	クラウドソーシング	インターネットを利用して、不特定多数の人（Crowd：群衆）に業務を外部委託（アウトソーシング）すること。業務の依頼者と受託者を結びつけるサービスとして、ココナラやクラウドワークスなどがある。
68	DevOps（デブオプス）	Development（開発）と Operations（運用）を組み合わせた用語。開発者と運用者が互いに協力しながら、ソフトウェアやシステムの開発と運用を行う手法のこと。
69	アジャイル（アジャイル開発）	ソフトウェア開発の手法の1つ。短い周期で開発とリリース（公開）を繰り返し、顧客の要望に対して柔軟に対応する。主要な機能だけを先に公開し、あとから機能を追加することができるので、いち早くサービスを公開できる。
70	ウォーターフォール（ウォーターフォール開発）	ソフトウェア開発の手法の1つ。滝（Waterfall）の流れのように、各段階を1つずつ順番に進めていく手法で、品質が求められるソフトウェア開発に適している。
71	プロジェクト	ある特定の目的を達成するために行う業務のこと。業務にかかるコスト（時間、人材）が大きく、開始から終了までの期間が設定されていることが多い。例えば、新規の IT サービスを立ち上げるといったときにプロジェクトが発足する。
72	PM（プロジェクトマネージャー）	Project Manager の略で、プロジェクトの進捗管理を行う人。企画を立案した人が PM になる場合と、すでに企画があり指名して PM になる場合がある。部署間の連携を行なったり、人材、時間、お金の管理なども行う。
73	エンジニア	技術者と呼ばれる専門的な知識を持った人のこと。IT 分野では、サーバやネットワークを管理する技術者や、ソフトウェアやシステムを開発する技術者などをエンジニアと呼ぶ。
74	SE（システムエンジニア）	Systems Engineer の略称、ソフトウェアの設計や開発を行う職種で、開発作業の進行管理なども行う。依頼者の要望を聞き、どのようなソフトウェアを作るかを検討する。なお、プログラムは SE ではなくプログラマが作ることが多い。
75	PG（プログラマ）	Programmer の略称で、SE が作成した仕様書（指示書）にしたがって、プログラムを書いてソフトウェアを作る職種。SE と連携しつつ、プログラミングやテスト作業に注力する。

76	SI	System Integrator の略で、システムの導入に際して、開発から運用までを請け負うサービスのこと。また、SI を行う企業のことを SIer（エスアイヤー）と呼ぶ。
77	ベンダー	製品やサービスを提供する企業や個人のこと。IT 分野では、ハードウェア、ソフトウェア、クラウドサービスなどを提供する企業のことを指す。
78	PoC（概念実証）	Proof of Concept の略で、新しいアイディアが実現できるかどうかを検証すること。PoC を行うことで、本格的な開発を行う前に実現の不可避を判断できる。
79	ワイヤーフレーム	Web サイトやアプリの基本的なレイアウトと構造を表した図のこと。配置する要素（ボタンや画像など）を視覚的に表現し、依頼者やデザイナー、開発者など、関係者間でイメージを共有する。
80	モックアップ	ソフトウェアやシステムの見た目（デザイン）のみを表現したサンプルのこと。ボタン操作など機能はなく、あくまでデザインチェックに使用する。
81	プロトタイプ	試作品のこと。ソフトウェア開発の初期段階で試作品を作ることで、依頼者と開発者間の認識の食い違いを減らせるとともに、動作や操作性などを確認できる。
82	バグ	ソフトウェアやシステムで生じた不具合（エラー）のこと。プログラムの誤りだけではなく、想定していない操作やデータ入力を行ったときなどにも発生することがある。
83	デバッグ	プログラムにバグがないかを探し、見つけたバグを修正する作業のこと。複雑なプログラムであればあるほど、デバッグに時間がかかる。
84	テスト	IT 分野では、ソフトウェアやシステム、プログラムなどが想定通りに動作するかを確認する作業のこと。基本的には、プログラマや SE が行うが、完成品に近いものは、依頼者や実際に使用する人もテストに参加する。
85	運用・保守	IT 分野における運用とは、ソフトウェアやシステムが安定して機能するように管理を行うこと。保守は運用しているソフトウェアやシステムを改修したり、修正したりすること。
86	データセンター	大量のコンピュータやネットワーク機器を収容した施設のこと。災害に強く、建物自体が耐震構造で、自家発電装置も備えている。また、建物への出入り口にも強固なセキュリティを備えており、容易には侵入ができない。

87	ヘルプデスク	利用者からの問い合わせ窓口となり、問い合わせの受付や内容を記録する役割を担う。既知の問題であれば解決策を案内し、未知の問題であれば技術チームや専門の部署に取り次ぎを行う。この取り次ぎは、エスカレーションと呼ばれる。
88	チャットボット	テキストや音声で利用者と自動的に対話する AI を活用したソフトウェアのこと。顧客サポートにチャットボットを活用することで、人間のオペレーターのコストを削減できる。
89	API	Application Programming Interface の略で、第三者が利用できるように公開された、ある特定の機能をもったプログラムのこと。既存の API を活用することで、開発の工数を削減できる。
90	CPU	Central Processing Unit の略で、中央処理装置とも呼ばれるコンピュータの頭脳にあたる装置。パソコンやスマホには必ず内蔵されている。CPU の性能が高ければ、コンピュータの性能も高くなる。
91	GPU	Graphics Processing Unit の略で、グラフィックス処理装置のこと。画像やビデオなどの情報を処理し、ディスプレイに送信する。近年は、高度な計算処理が必要な AI の開発にもGPU が使われている。
92	2 進数・10 進数・16 進数	2 進数は「0」と「1」だけで数を表現する方法で、コンピュータで使われている方法。日常生活で使用している 0 ～ 9 で数を表現する方法は、10 進数という。また、0 ～ 9 の数字と A ～ F のアルファベットを組み合わせた 16 進数もある。
93	RGB	Red、Green、Blue の頭文字からつけられた、色を表現する方法のこと。赤青緑のそれぞれを 0 ～ 255 の数値で表し、組み合わせて色を表現する。例えば、黒は (0,0,0)、白は (255,255,255) と表せる。
94	プロトコル	コンピュータがデータをやり取りするための通信規約 (ルール)のこと。Web サイトの URL についている html や htmls は、プロトコルの種類を表している。またメールの受信方法を表すPOP と IMAP もプロトコルの一種。
95	インターフェース	異なる 2 つ以上の機器やソフトウェア、または人間と機器を接点のこと。例えば、コンピュータと外付けストレージをつなぐインターフェースの種類として、USB Type-A や USB Type-C がある。なお、人間と機器やソフトウェアとの接点は UI と呼ぶ。

96	UI	User Interface の略で、ユーザー（利用者）とサービス（製品）との接点のこと。テキストやボタン、画像などの視覚的部分だけでなく、操作性も UI に含まれる。
97	UX	User Experience の略で、利用者がサービスを利用したときに得られる体験のこと。見た目のよさ、使い勝手のよさなどが、UX に含まれる。UI がよければ、UX が向上するため、UI と UX は切り離せない関係といえる。
98	CUI	Character User Interface の略で、コマンドと呼ばれる文字を入力してコンピュータとやり取りを行うインターフェースのこと。Winsows が登場する以前は、CUI でコンピュータを操作していた。現在も、システム管理や特殊な操作が必要な場合に CUI を利用する。
99	GUI	Graphical User Interface の略で、アイコンやボタンなどグラフィカルな要素を使って、コンピュータとやり取りを行うインターフェースのこと。マウスによる直感的な操作が可能で、コマンドを覚えることなくコンピュータを操作できる。
100	Bluetooth	近距離にある機器間でデータを無線で送受信する技術のこと。ワイヤレスのイヤホンやマウス、キーボードなどは、Bluetooth を使って機器とデータをやり取りする。
101	無線 LAN（Wi-Fi）	物理的なケーブルを使わずに無線でパソコンやスマホなどの機器が、ネットワークに接続できる技術のこと。無線 LAN にはいくつかの通信方法があり、Wi-Fi はそのひとつ。
102	Web スクレイピング	Web サイトからテキストや画像など大量のデータを自動的に抽出する手法のこと。また収集したデータは、目的に応じて加工することができる。ただし、サーバに負荷がかかる処理なので、実施する際は必要な範囲の情報にとどめること。
103	RFID	情報を記録した IC カードと電波を利用し非接触で、データのやり取りを行う技術のこと。Suica などの交通系 IC カードや、会社のドア開錠に利用する社員証の IC カードなどに活用されている。Radio Frequency Identification の略。
104	AR	Augmented Reality の略で、拡張現実のこと。現実世界にデジタル情報を重ね合わせることができる。例えば、スマホのカメラで捉えた現実世界の映像にデジタル情報を重ねることができる。

105	MR	Mixed Reality の略で、複合現実のこと。AR を発展させた技術で、専用の機器を使って、現実世界とデジタル情報を融合させること。遠隔手術や専門作業の研修などに活用されている。
106	デファクトスタンダード	「事実上の標準」という意味で、公式の規格（基準）でないものの、広く市場に浸透し一般的に受け入れられた製品や規格のこと。例えば、Office は業務アプリのデファクトスタンダードといえる。
107	ゲーミフィケーション	ゲームの要素を教育、ビジネス、マーケティングなどのゲーム以外の領域に取り入れて応用すること。目的、課題、報酬を設定し、協力要素などを取り入れることで、参加意欲、問題解決能力、競争心を促進する効果がある。
108	オープンイノベーション	企業が自社だけではなく、他社や大学などの外部のアイディアや技術を取り入れ、新しい製品やサービスを開発する取り組みのこと。外部とのつながりをもつことで、自社にはないアイディアや技術を蓄積できるが、その一方で自社が持つ情報漏えいのリスクもある。
109	GAFA	アメリカの主要なテクノロジー企業である「Google」「Apple」「Facebook（現 Meta）」「Amazon」の頭文字。IT 分野で世界的な影響力を持ち、多くの人々に利用されている。
110	Google	検索エンジンの Google、クラウドサービス、オンライン広告、Web サービスと多岐にわたる事業を展開している。IT 市場のリーダーともいえる存在。
111	Apple	Mac や iPhone、iPad などの電子機器や、サブスクリプションサービスを提供している。日本のスマホは市場ではシェア 1 位。
112	Meta（旧 Facebook）	SNS サービスの Facebook と Instagram を運営する企業。Facebook は世界中で数十億のユーザーを抱えており、世界最大の SNS サービス。2021 年に Meta に社名を変更した。
113	Amazon	EC モールの Amazon、クラウドサービス、ストリーミングサービスなどを提供。世界最大のオンライン小売業者だといえる。

よく使う！
ショートカットキー

	ショートカットキー	操作内容
1	[⊞]	スタートメニューを表示する
2	[⊞] + [D]	デスクトップを表示もしくは非表示にする
3	[⊞] + [E]	エクスプローラーを起動する
4	[⊞] + [L]	パソコンをロックする
5	[⊞] + [HOME]	選択中のウィンドウ以外を最小化する。再度押すと元に戻る
6	[⊞] + [PrintScreen]	スクリーンショットを撮影し、保存する
7	[Alt] + [F4]	選択中のウィンドウを閉じる
8	[Alt] + [Tab]	作業するウィンドウを切り替える
9	[Alt] + [→]	次に進む
10	[Alt] + [←]	前に戻る
11	[Ctrl] + [A]	文字やセルなどすべてを選択する
12	[Ctrl] + [B]	Office の場合、選択した文字を太字にする
13	[Ctrl] + [C]	選択したものをコピー（複製）する
14	[Ctrl] + [D] もしくは [Deleate]	選択したファイルやフォルダをゴミ箱に入れる
15	[Ctrl] + [F]	検索ボックスを選択する
16	[Ctrl] + [I]	Office の場合、選択した文字を斜体にする
17	[Ctrl] + [N]	新規ファイルを作成する、新しいウィンドウを開く
18	[Ctrl] + [O]	ファイルを開く
19	[Ctrl] + [P]	選択しているウインドウの内容を印刷する
20	[Ctrl] + [U]	Office の場合、選択した文字に下線を付ける
21	[Ctrl] + [S]	ファイルを保存する

22	[Ctrl] + [T]	新しいタブを開く
23	[Ctrl] + [V]	コピーや切り取ったものをペースト（貼り付け）する
24	[Ctrl] + [W]	選択中のウィンドウもしくはタブを閉じる
25	[Ctrl] + [X]	選択した文字などを切り取る
26	[Ctrl] + [Y]	[Ctrl] + [Z] を行う前の状態に戻す
27	[Ctrl] + [Z]	操作を元に戻す
28	[Ctrl] + [Shift] + [N]	新規フォルダを作成する
29	[Ctrl] + [Shift] + [T]	[Ctrl] + [W] で閉じたタブを再度開く
30	[Ctrl] +マウスホイール	拡大率を変更する
31	[Ctrl] +クリック	リンク先を新しいタブで開く
32	[Shift] + [CapsLock]	アルファベットを大文字入力に設定、もしくは解除する
33	[Shift] + [Deleate]	ファイルやフォルダをゴミ箱に入れず、完全に削除する
34	[Shift] + [F10]	右クリックメニューを表示する
35	[Shift] +十字キー	項目を範囲選択する
36	[F1]	ヘルプを表示する
37	[F2]	ファイルやフォルダの名前を変更する
38	[F3]	ファイルやフォルダの検索する
39	[F4]	ウィンドウのアドレスバーを表示する
40	[F5]	Web ブラウザなどで表示を更新する
41	[F6]	入力中の文字を平仮名にする
42	[F7]	入力中の文字を全角カタカナにする
43	[F8]	入力中の文字を半角カタカナにする
44	[F9]	入力中の文字を全角アルファベットにする
45	[F10]	入力中の文字を半角アルファベットにする
46	[Home]	先頭に移動する
47	[End]	末尾に移動する
48	[PageDown]	下にスクロール（移動）する
49	[PageUP]	上にスクロールする

仕事の基本×ITの基本を
ひとつひとつわかりやすく。

【執筆】
リブロワークス

【編集協力】
内形 文（リブロワークス）
秋下 幸恵
株式会社ダブルウイング

【イラスト】
種田 ことび

【ブックデザイン】
山口 秀昭（Studio Flavor）

【DTP】
リブロワークス・デザイン室

【企画・編集】
徳永 智哉